Claudia Dohmen

55 Methoden Geschichte

einfach, kreativ, motivierend

Auer

In diesem Werk sind nach dem MarkenG geschützte Marken und sonstige Kennzeichen für eine bessere Lesbarkeit nicht besonders kenntlich gemacht. Es kann also aus dem Fehlen eines entsprechenden Hinweises nicht geschlossen werden, dass es sich um einen freien Warennamen handelt.

5. Auflage 2025

Autor*innen: Claudia Dohmen
Illustrationen: Steffen Jähde
Satz: Fotosatz H. Buck, Kumhausen
Druck und Bindung: Druckerei Joh. Walch GmbH & Co. KG, Augsburg
ISBN 978-3-403-**07353**-6

www.auer-verlag.de

Methoden als Weg zum Ziel

Der Begriff Methode stammt aus dem Griechischen und setzt sich aus den Worten *metá* (= „zwischen", „hinter") und *hodós* (= „Weg") zusammen. Dem Wortsinn nach verbirgt sich „hinter dem Weg" das Ziel, im übertragenen Sinne ist die Methode also der Weg, der zu einem Ziel führt.
Ziel des Geschichtsunterrichts ist ohne Zweifel die Vermittlung von historischem Wissen. Methoden haben die Aufgabe, den Weg zum Ziel zu ebnen und dem Schüler[1] die Wissensaufnahme zu erleichtern. Somit sind sie ein wichtiges Handwerkszeug des Lehrers und tragen entscheidend zur Unterrichtsqualität bei, denn ein methodisch abwechslungsreicher Unterricht fördert die Motivation und Leistungsbereitschaft der Schüler. In Zeiten heterogener Lerngruppen bieten die unterschiedlichen Methoden Zugänge für verschiedene Lerntypen und eröffnen Möglichkeiten, um differenzierten Leistungsniveaus gerecht zu werden.
Da bekanntlich viele Wege nach Rom führen, sind in der Regel auch verschiedene Methoden möglich, um in eine Thematik einzuführen, einen Inhalt zu erarbeiten oder zu sichern. Die Auswahl orientiert sich am Leistungsstand und Sozialgefüge der Klasse, an bestimmten Vorlieben und Gewohnheiten des Lehrers und nicht zuletzt am Vorbereitungsaufwand. Denn neben aller Theorie ist die praktische Umsetzung im Schulalltag ein entscheidendes Kriterium, das die Methodenwahl beeinflusst. Häufig lässt ein straffer Zeitplan keinen Raum für umfangreiche Vorbereitungen einer Unterrichtsstunde oder thematischen Einheit. Aus diesem Grund enthält der vorliegende Band ein Repertoire verschiedenster Methoden, um je nach Zeitmanagement, die passende Methode auszuwählen. Gleichzeitig wird versucht, eine einfache Umsetzung bei möglichst geringem Vorbereitungsaufwand zu gewährleisten.

Methoden in der Kritik

Immer wieder werden Methoden kritisiert, weil sie die Inhalte des Unterrichts scheinbar in den Hintergrund treten lassen. Dieser Vorwurf kann sicher nicht ganz zurückgewiesen werden. Bedenken Sie daher bei aller Methodik im Geschichtsunterricht: nicht „Der Weg ist das Ziel!", sondern „Das Ziel muss bekannt sein, um den richtigen Weg zu finden!". Eine geeignete Methode kann und sollte erst ausgewählt werden, nachdem die inhaltlichen Ziele der Stunde festgesteckt wurden. Wird dieser Grundsatz beachtet, arbeiten Inhalt und Methode Hand in Hand und der Unterricht vermittelt den Schülern sowohl fachliche Inhalte als auch methodische Kompetenzen. Letztere werden in Hinblick auf die veränderten Anforderungen der Arbeitswelt immer bedeutsamer, denn neben allgemeiner Bildung und Fachkenntnissen werden zunehmend auch soziale Kompetenzen wie Teamfähigkeit, Selbstständigkeit, Kreativität, Organisationsfähigkeit und Problembewältigung von den Arbeitnehmern gefordert. Diese Fähigkeiten sollten bereits in der Schule durch entsprechende Methoden eingeübt und gefördert werden.

1 Aufgrund der besseren Lesbarkeit ist in diesem Buch mit Schüler immer auch die Schülerin gemeint, ebenso verhält es sich bei Lehrer und Lehrerin etc.

Probieren Sie also mit Ihrer Klasse immer mal wieder eine neue Methode aus. Auch wenn das Einüben der Methode im Einzelfall tatsächlich dazu führen kann, dass der Inhalt in dieser Stunde vernachlässigt wird. In diesem Fall ist dann ausnahmsweise einmal der Weg das Ziel.

Aufbau der Handreichung

Die Darstellung der 55 Methoden erfolgt im Wesentlichen immer nach dem gleichen Schema:
Allgemeine Hinweise zum Einsatz im Unterricht sowie zu den Zielen der Methode ermöglichen einen ersten Überblick. Folgende Symbole erleichtern die Orientierung und Auswahl der geeigneten Methode:

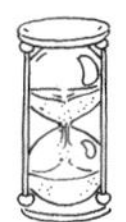

Zeitbedarf der Methode (Durchschnittswert)
Je nach methodischen Kenntnissen und Sozialgefüge der Klasse sowie Material und Thematik kann diese Angabe variieren.

Schwierigkeitsgrad der Methode (für die Schüler)

Zielsetzung der Methode

benötigte Materialien

Unter dem Begriff **Durchführung** folgt eine konkrete Beschreibung der Methode. Hier werden die einzelnen Arbeitsschritte sowie notwendige Vorbereitungen erläutert. Des Weiteren werden mögliche Schwierigkeiten bei der Umsetzung im Unterricht thematisiert und Hinweise zur Variation der Methode gegeben.

Anschließend folgt ein **konkretes Unterrichtsbeispiel**, das die Umsetzung der Methode im Fach Geschichte verdeutlicht. Die Auswahl der Beispiele in diesem Band deckt viele Themen des Lehrplans für das Fach Geschichte ab. Grundsätzlich sind nahezu alle Methoden bei entsprechender Anpassung an die Voraussetzungen der Lerngruppe in allen Jahrgangsstufen einsetzbar, unabhängig vom gewählten Beispiel. Teilweise werden auch **weitere Unterrichtsbeispiele** genannt, deren Inhalte gut anhand der jeweiligen Methode erarbeitet werden könnten.

Häufig ergänzt eine **grafische Darstellung** das konkrete Unterrichtsbeispiel oder die allgemeine Darstellung der Methode.

1.1 Abc-Methode (Assoziieren mit Buchstaben)

15 Min.

Einstieg, um Vorwissen zu aktivieren
Sicherung am Ende einer Unterrichtsreihe

ggf. vorbereitetes Arbeitsblatt

Durchführung:

Zum Einstieg in eine neue Unterrichtsreihe sollen die Schüler ihr Vorwissen aktivieren, indem sie zielgerichtet zu einem Thema assoziieren. Der Lehrer gibt einen Oberbegriff vor und die Schüler nennen passende Schlagworte, die einzelnen Buchstaben zugeordnet werden. Die Begriffssammlung bzw. Zuordnung kann dabei in Form eines Kreuzworträtsels (siehe Beispiel links) oder als Abfrage des gesamten Alphabets (siehe Beispiel rechts) erfolgen. Anschließend erfolgt ein Austausch in Partner- oder Gruppenarbeit oder direkt im Plenum. Unpassende oder falsche Assoziationen sollten erläutert oder aber zunächst markiert und dann im weiteren Verlauf der Unterrichtseinheit überprüft werden.
In gleicher Weise können am Ende einer Unterrichtsreihe gelernte Begriffe abgefragt oder die ursprüngliche Sammlung ergänzt werden, sodass die Schüler ihren individuellen Wissenszuwachs überprüfen können.

Konkrete Unterrichtsbeispiele:

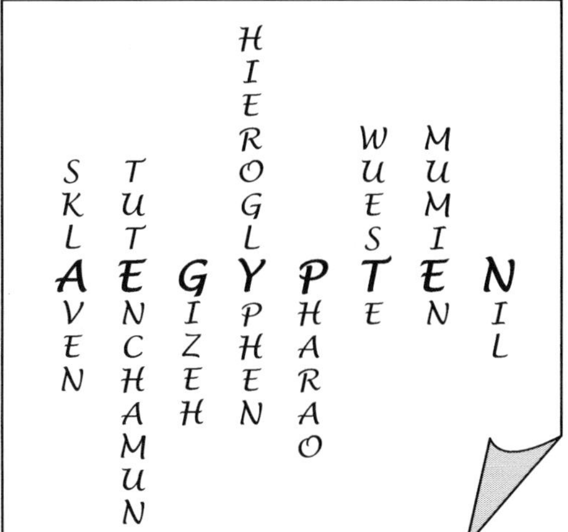

Mittelalter

A del
B urg
C hlodwig
D reifelderwirtschaft
E poche
F rohndienst
G egenkönig
H örig
I nvestiturstreit
J uden
K arolinger
L andwirtschaft
M önch
N ovizen
O tto I.
P est
Q uacksalber
R itter
S tände
T urnier
U nfrei
V asall
W appen
X anten
Y ---
Z ehnt

Weitere Unterrichtsbeispiele:

- thematische Abfrage: Griechenland, Industrialisierung, Zweiter Weltkrieg etc.
- Querschnitt-Abfrage: Staatsformen, Revolution, Landwirtschaft, Krieg etc.
- Personen-Abfrage: Karl der Große, Napoleon, Martin Luther, Stalin etc.
- Zeitfenster-Abfrage: 19. Jahrhundert, 50er Jahre, 1914–1918 etc.

1.2 Bildkartei (Assoziieren mit Bildquellen)

20 Min.

persönlichen Zugang ermöglichen und Meinungen abfragen
Vielgestaltigkeit des Themas verdeutlichen

Sammlung von Bildern / Bildquellen

Durchführung:

Bildquellen bilden ein wichtiges Arbeitsmittel des Geschichtsunterrichts, denn sie motivieren die Schüler, erleichtern die Vorstellungskraft und bleiben häufig viel deutlicher im Gedächtnis als Texte. Nach Vorgabe des Themas werden den Schülern unterschiedliche Bildquellen (z. B. Fotos, Gemälde, Holzschnitte, Radierungen, Postkarten, Rekonstruktionszeichnungen, Karikaturen) präsentiert, die frei im Klassenraum verteilt sind. Dabei sollte jedes Bild mehrmals zur Auswahl stehen. Jeder Schüler wählt nun ein Bild aus, das er persönlich mit dem Thema verbindet. Anschließend stellen sich die Schüler ihre Bildquellen gegenseitig vor, z. B. in Form des rotierenden Partnergesprächs, und erläutern jeweils kurz, welche Gedanken und Emotionen das Bild in ihnen ausgelöst hat. Abschließend kann im Plenum kurz thematisiert werden, welche Bildquellen häufiger, welche möglicherweise gar nicht ausgewählt wurden, und warum dies so sein könnte.

Konkretes Unterrichtsbeispiel:

Bildkartei zum Thema „Erster Weltkrieg"

Weitere Unterrichtsbeispiele:

- Meine Vorstellung vom Leben im Mittelalter …
- Als Deutschland noch ein Kaiserreich war …
- So lebten die Menschen in der damaligen DDR …

Assoziationen abfragen
Zusammenhänge herstellen

Projektor, Bildmaterial auf Folie, Papier mit einem Loch in der Mitte (Größe einer 1-Euro-Münze) zum Abdecken

Durchführung:

Der Lehrer präsentiert den Schülern mittels Projektor ein Bild, das mit dem vorbereiteten Papier (Loch in der Mitte) abgedeckt ist, sodass durch die runde Öffnung nur ein kleiner Ausschnitt des Bildes sichtbar wird. Das Papier wird nun langsam über die Folie gezogen, sodass nacheinander verschiedene Bereiche des Bildes sichtbar werden. (Tipp: Das Papier sollte so groß sein, dass das Bild an keiner Stelle aufgedeckt wird, wenn das Papier bewegt wird.) Die Schüler beschreiben die einzelnen Bildausschnitte und stellen Vermutungen an, bis auf diese Weise das Bild erkannt wurde. Zusätzliche Motivation schafft die gezielte Lenkung auf besondere, unerwartete oder widersprüchliche Bildsymbole.
Als Variante kann das Bild auch Stück für Stück aufgedeckt oder in Streifen zerschnitten werden, sodass nach und nach die einzelnen Bildbereiche sichtbar werden.

Konkretes Unterrichtsbeispiel:

Der Ballhausschwur am 17. Juni 1789 (Gemälde von Jacques Louis David, 1791)

Weitere Unterrichtsbeispiele:

- Gemälde des Sonnenkönigs Ludwig XIV. von Hyacinthe Rigaud, 1701
- Szene einer Hexenverbrennung (Holzstich)
- Gemälde „Der Streik" zur Zeit der Arbeiterbewegung von Robert Köhler, 1886
- „Der Tod des Caesar" von Vincenzo Camuccini, 1798

Hinführung
Problemorientierung, kritische Auseinandersetzung

vorbereiteter Dialog, evtl. einfache Requisiten

Durchführung:

Zwei (oder mehrere) Schüler erhalten einen vorbereiteten Dialog, den sie nach kurzer Beschäftigung mit dem Text den Mitschülern präsentieren. Bei der Rollenvergabe sollte beachtet werden, dass es stillen oder leseschwachen Schülern oft Scham oder Nervosität bereitet, etwas vor der Klasse vorzutragen.
Nach dem ersten Vortrag des Dialogs äußern sich die Mitschüler zunächst spontan. Im zweiten Durchgang werden dann zielgerichtete Hörauftrage in Partner- oder Gruppenarbeit an die Schüler verteilt, z. B. zur gesellschaftlichen Stellung der Charaktere, zu politischen Sichtweisen, Inhalten des Gesprächs, dem Anlass des Gesprächs, der sprachlichen Ausdrucksweise oder der zeitlichen Einordnung. Anschließend stellt entweder jede Gruppe ihre Ergebnisse vor, oder aber die Ergebnisse werden gemeinsam im Plenum gesichert. Bei offenen oder problemorientierten Dialogen ist eine Weiterführung durch die Schüler möglich.

Konkretes Unterrichtsbeispiel:

Weltwirtschaftskrise von 1929

Guten Tag, Herr Dr. Brockhoff!

Ah, guten Tag, Herr Gehring! Wie geht es Frau und Kindern?

Danke der Nachfrage. Meiner Familie geht es gut – ganz anders als manch anderen Leuten in diesen Tagen. Ich habe heute Morgen erst wieder gelesen, dass die Arbeitslosenzahlen erneut gestiegen sind.

Das habe ich auch gehört. Wenn Sie mich fragen, ist diese ganze Republik zum Scheitern verurteilt. Viele kleine Parteien, die alle unterschiedliche Interessen vertreten und doch keine Mehrheit im Parlament bekommen.

Da haben Sie recht. Ich sage immer: Viele Köche verderben den Brei und glauben Sie mir, das lässt sich auch auf die Politik übertragen. Wenn mehrere Parteien zusammen regieren sollen, gibt es immer Probleme. Und wo uns eine solche Entwicklung hinführt, das sehen Sie ja …

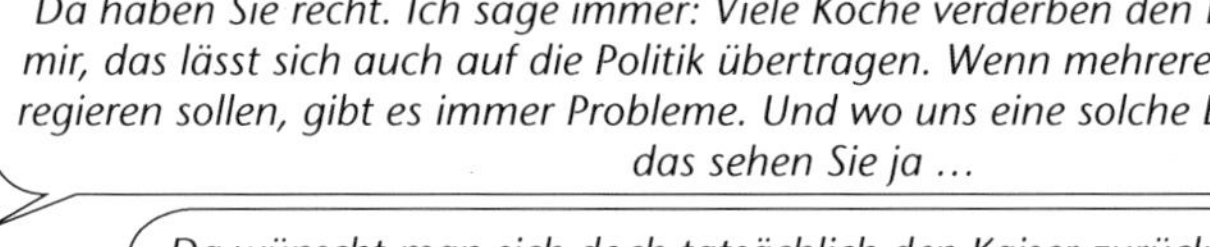

Da wünscht man sich doch tatsächlich den Kaiser zurück – EINE Person, die das Land regiert und keine endlosen Diskussionen führen muss. Aber andererseits: Wollen wir unser hart erkämpftes Mitbestimmungsrecht wirklich so schnell wieder aufgeben?

Weitere Unterrichtsbeispiele:

- Dialog zwischen einem Soldaten und einem Daheimgebliebenen bezüglich unterschiedlicher Sichtweisen über das Leben an der Front
- Dialog (fiktiv) zwischen Ötzi und einem Menschen der Altsteinzeit über die Fortschritte in der Werkzeugherstellung

affektiven Zugang schaffen
Aktivierung der Vorstellungskraft
Stressabbau und Konzentrationsförderung

vorbereiteter Text für die Fantasiereise, evtl. ruhige Musik zur Entspannung

Durchführung:

Eine Fantasiereise bietet den Schülern die Möglichkeit, an einem historischen Ereignis persönlich beteiligt zu sein, und bietet so einen individuellen Zugang zum Thema. Dieser Perspektivwechsel erzeugt oft eine intensive Auseinandersetzung mit dem Thema, da die Schüler in ihrer Fantasie eigenen Ideen und Sichtweisen freien Lauf lassen können. Voraussetzung ist, dass eine ruhige Atmosphäre im Klassenraum herrscht, damit sich die Schüler auf die Reise einlassen können und in ihren Gedanken nicht gestört werden. Nach der Einstimmung, in der die Schüler zur Ruhe kommen und sich entspannen, folgt die eigentliche Geschichte. Langsames Vorlesen und häufige Sprechpausen geben den Schülern Raum, um sich die Szenen vorstellen zu können. Am Ende werden die Schüler wieder in die Gegenwart zurückgeführt und der Kreislauf wieder in Schwung gebracht, z.B. durch Bewegungen der Arme und Beine und tiefes Durchatmen. Anschließend erfolgt die Auswertungsphase im Plenum.

Konkretes Unterrichtsbeispiel:

Fantasiereise zur Entdeckung eines Pharaonengrabs im Tal der Könige

„Du machst es dir auf deinem Platz bequem. Du wirst ganz ruhig. Spürst du, wie dein Kopf schwer auf deinen Armen liegt? Du atmest tief ein und aus. Deine Gedanken lösen sich von der Schule, du verlässt dein Klassenzimmer, du verlässt das Jahr 2019 und begibst dich auf eine Zeitreise. –
Du kommst in ein fremdes, fernes Land. Die Sonne scheint warm auf deinen Körper, unter deinen Füßen spürst du Sand. Du bist im Tal der Könige. Mit dir sind einige Helfer gekommen – sie begleiten dich. Du schaust dich um und suchst einen Platz, an dem du mit deiner Ausgrabung beginnen kannst. Mit Schaufel und Hacke beginnst du, nach dem Grab des Pharaos zu graben. Die Arbeit ist schwer, Schweißtropfen bilden sich auf deiner Stirn. Spürst du, wie deine Hände vom Graben schmerzen? – Plötzlich, etwas Hartes im Sand – du gräbst weiter, eine Treppenstufe. Deine Helfer graben aufgeregt, weitere Treppenstufen werden freigelegt. Plötzlich stößt du auf eine zugemauerte Türöffnung. Gemeinsam legt ihr die Tür frei und öffnet sie. Du erblickst einen langen dunklen Gang, Schutt und Erde befinden sich auf dem Boden. Riechst du die kühle Luft der alten Mauern? Du gehst den Gang entlang und stehst vor einer weiteren zugemauerten Türöffnung. Deine Helfer brechen ein Loch in die Wand. Dahinter verbirgt sich ein Raum. Du hältst vorsichtig eine Kerze in den Raum und spähst hinein. Du siehst dich um und betrachtest alles ganz genau. Du weißt gar nicht, wo du zuerst hinschauen sollst. – Du bist glücklich und stolz und umarmst deine Helfer.
Deine Zeitreise geht nun zu Ende. Du verlässt das Grab und trittst hinaus in die Wüste. Die Sonne blendet dich. Spürst du wieder den warmen Wüstensand unter deinen Füßen?
Das Bild verblasst und du kommst nach einer langen Reise wieder im Klassenzimmer an. Du spürst deine Arme und Beine. Öffne deine Augen. Atme tief ein und aus und recke dich."

1.6 Karikatur

Hinführung
kritische Auseinandersetzung, Vertiefung

Karikatur

Durchführung:

Karikaturen bilden ein wichtiges Medium des Geschichtsunterrichts und beleuchten bestimmte Aspekte eines Themas unter Zuhilfenahme stilistischer Mittel wie Ironie oder Übertreibung. Die Interpretation von Karikaturen muss mit den Schülern geübt werden und sollte immer nach dem gleichen Schema erfolgen.

1. Beschreibung	Was hat der Zeichner dargestellt? (reine Beschreibung)
2. Symbole	Wie wird das Thema dargestellt? Welche Symbole werden verwendet? Was ist deren Bedeutung?
3. Kontext	Wann und wo ist die Karikatur entstanden? (zeitlicher und räumlicher Zusammenhang)
4. Deutung	Welche Einstellung, Meinung, Deutung des Zeichners ist erkennbar? Was ist seine Absicht? Wen will er erreichen?
(5. Bewertung	eigene Meinung)

Konkretes Unterrichtsbeispiel:

Der deutsche Michel und seine Kappe im Jahr 48 (Eulenspiegel 1848)

1. Beschreibung:
Bildfolge des deutschen Michels in Anlehnung an die Jahreszeiten: Im Frühling zeigt sich der Michel mit wildem Bart, Kappe und angriffslustigem, entschlossenem Blick. Im Sommer wandeln sich Frisur und Mimik. Der Bart ist kürzer, die Kappe leicht nach vorn gerutscht und der Blick deutlich weniger aggressiv. Im Herbst schließlich hängt die Kappe schlaff herunter, ebenso Mundwinkel und Augenlider. Es scheint, als schliefe der Michel.

2. Symbole:
Verkörperung der revolutionären Bemühungen des deutschen Volkes: Die Jakobinermütze erinnert an die Revolution in Frankreich. Der entschlossene Blick und der Bart des Michels zeigen die Kampfbereitschaft zu Beginn der Barrikadenkämpfe, welche im Laufe der Revolution zurückgeht. → Übergang von Enthusiasmus und Entschlossenheit zu resignierter Passivität

3. Kontext:
Die Karikatur ist im Juni 1848 in Deutschland entstanden, nachdem das Parlament in der Frankfurter Paulskirche gerade erst zustande gekommen war. Der Zeichner vermutet bereits zu diesem Zeitpunkt das Scheitern der Revolution.

4. Deutung:
Kritik an der Haltung des deutschen Bürgertums, nachlassender Revolutionseifer nach den Märzereignissen

10 Min.

kommunikative Informationsvermittlung
Schulung der Aufmerksamkeit

vorbereitete Erzählung

Durchführung:

Die Lehrererzählung ist eine kognitive Methode, bei der neben der zielgerichteten Wissensvermittlung vor allem Interesse für historische Themen geweckt werden soll. Ziel ist nicht die Vermittlung fachlich komplexer Zusammenhänge, sondern die lebendige Erzählung kurzer, prägnanter Ereignisse oder Schicksale. Der Inhalt einer Lehrererzählung sollte so gewählt werden, dass sich die Schüler angesprochen fühlen und aufmerksam zuhören.
Das Gelingen dieser Methode hängt nicht zuletzt von der Fähigkeit des Lehrers ab, die Erzählung spannend und ansprechend zu gestalten. Neben Sprechtempo und Lautstärke sind vor allem auch Mimik und Gestik entscheidende Faktoren, um der Erzählung mehr Ausdruck zu verleihen. Hilfreich ist zudem eine entspannte Atmosphäre, z. B. durch Bilden eines Stuhlkreises. Ist die Klasse mit der Methode nicht vertraut oder fällt den Schülern das Zuhören schwer, sollte die Erzählung zunächst nur wenige Minuten dauern. Ein zusätzlicher Hörauftrag trainiert das zielgerichtete Zuhören.

Konkretes Unterrichtsbeispiel:

Lehrererzählung über Hexenproben als Mittel der Beweisfindung in Hexenprozessen der Frühen Neuzeit

Wie konnte in einem Hexenprozess die Schuldigkeit einer angeklagten Frau bewiesen werden? Ich erzähle es euch. Hört mir in den nächsten Minuten aufmerksam zu, damit ihr mir anschließend berichten könnt, welche Beweise angeführt wurden. –
Wurde eine Frau der Hexerei beschuldigt, kam es in der Regel zu einem Prozess und zwar vor einem weltlichen Gericht. Bevor das Urteil gesprochen werden konnte, musste erst einmal die Schuldigkeit festgestellt werden. – Es mussten also Beweise her und ein sogenanntes gütliches Verhör sollte diese liefern. Es folgten verschiedene Hexenproben, durch die die Schuldigkeit scheinbar ohne Zweifel festgestellt werden konnte. – Zum Beispiel die Wasserprobe: – Die Angeklagte wurde an Händen und Füßen gefesselt und ins Wasser gestoßen. Ging sie unter, galt sie als unschuldig, – hielt sie sich über Wasser, war sie eine Hexe, denn – man glaubte, dass das reine Element Wasser alles Böse abstößt. – Außerdem die Nadelprobe: – Man stach mit einer Nadel in ein Muttermal oder eine Warze am Körper der Frau, – wenn sie keinen Schmerz zeigte oder kein Blut floss, galt sie als Hexe und das Muttermal schien ein Besitzzeichen des Teufels zu sein. – Dann die Wiegeprobe: – Man vermutete, dass Hexen leichter sind als normale Menschen, denn – sie können ja schließlich fliegen. – Und schließlich die Tränenprobe: – Sie wurde vor allem bei der anschließenden Folter, dem peinlichen Verhör, angewandt. – Wenn die Angeklagte unter Schmerzen nicht weinte, galt dies als Beweis für ihre Schuldigkeit. –
Ich habe euch nun einiges über die Hexenproben berichtet. – Was habt ihr Neues erfahren?

1.8 Meinungsbild / Positionslinie

10 Min.

Einstieg, um Meinungen / Stimmungen abzufragen
Abschluss, um Meinungsänderungen zu erfassen

je nach Form: Tafel / Folie, Seil, Plakat & Klebepunkte, rote & grüne Karten

Durchführung:

Das Meinungsbild fordert den Schüler auf, seine Zustimmung oder Ablehnung zu einer These visuell auszudrücken. Die Schüler beziehen hierzu eine Position zwischen „Ich stimme voll zu." und „Ich lehne das ab.". Die Methode ermöglicht dem Lehrer sowie den Schülern einen interessanten Überblick über das Meinungsbild der Klasse. Einzelne Schüler sollten aufgefordert werden, ihre Entscheidung zu begründen oder das Meinungsspektrum innerhalb der Klasse zusammenzufassen.

Varianten der Meinungsabfrage

- durch Ankreuzen an der Tafel (auf einer Folie)
- durch Aufstellen entlang eines Seiles
- durch Klebepunkte auf einem Plakat
- durch rote und grüne Karten

Im Fach Geschichte kann das Meinungsbild aus zwei Perspektiven erfolgen: Zu Beginn wird ein Meinungsbild aus heutiger Sicht abgefragt. Nach Abschluss der Unterrichtssequenz urteilen die Schüler aus zeitgenössischer Sicht, indem sie sich nach Kenntnis der Zusammenhänge in die damalige Situation hineinversetzen. Häufig können die Schüler dadurch historische Entwicklungen oder Entscheidungen besser nachvollziehen.

Konkretes Unterrichtsbeispiel:

Die deutsche Bevölkerung hätte sich gegen die nationalsozialistische Regierung auflehnen müssen!

Zu Beginn der Unterrichtsreihe werden die Schüler aufgefordert, ihre Meinung zu obiger These aus heutiger Sicht wiederzugeben. Hierzu erhalten sie rote Klebepunkte (Kreise), die auf ein Plakat geklebt werden. Dabei kann die gesamte Linie zur Positionierung genutzt werden. Nach Abschluss der Unterrichtsreihe bringen die Schüler ihre Meinung durch blaue Klebepunkte (Kreuze) zum Ausdruck. Auf diese Weise kann festgestellt werden, ob sich die Meinung der Schüler geändert hat.

nonverbaler Zugang
Veranschaulichung eines Themas

Themenkarten

Durchführung:

Das Standbild stellt ein Thema durch erstarrte Körperhaltung entweder eines oder mehrerer Schüler dar, ohne dass dieser / diese sich verbal äußern dürfen. Zunächst wird der „Bildhauer" bestimmt. Er hat die Aufgabe, seine Mitschüler nonverbal, d.h. ohne mit ihnen zu sprechen, zu einem Standbild seiner Vorstellung zu formen. Der „Bildhauer" muss hierbei die Haltung, Gestik, Mimik und Positionierung seiner Mitschüler steuern. Sowohl die Mitschüler als auch die Zuschauer müssen sich passiv verhalten und dürfen nicht reden. Das fertige Standbild zeigt dann, wie der „Bildhauer" das vorgegebene Thema interpretiert. Die Mitschüler verharren etwa 30 Sekunden in ihrer Position, damit die Zuschauer Zeit haben, das Standbild zu betrachten. Erst nach Auflösung des Standbilds dürfen alle Schüler ihre Meinung sowie Kritik äußern und Fragen an den „Bildhauer" stellen. Die Zuschauer beginnen mit ihrer Interpretation, danach geben die Mitschüler, die das Standbild gebildet haben, ihre Eindrücke wieder. Abschließend wird der „Bildhauer" nach seiner Intention gefragt.
Es können auch mehrere Standbilder gleichzeitig gebaut werden (einzelne Gruppen). Die Ergebnisse sollten dann fotografiert werden, sodass sie im Anschluss verglichen und besprochen werden können.

Tipp: Standbilder eignen sich besonders um gegensätzliche Begriffe darzustellen.

Variante: Die Schüler bewegen sich zur Musik frei im Raum. Der Lehrer stoppt die Musik und nennt einen Begriff bzw. ein Thema. Jeder Schüler nimmt eine dazu passende Haltung ein. Die Schüler verharren bis die Musik wieder einsetzt. Alternativ bewegen sich die Schüler paarweise durch den Raum, bei Zuruf des Lehrers formt der „Bildhauer" aus seinem Mitschüler ein Standbild. Danach werden die Rollen gewechselt.

Unterrichtsbeispiele:

- Personen darstellen: z. B. Adel – Klerus – Bürgertum – Bauern
- Konflikte darstellen: z. B. Unternehmer – Arbeiter einer Fabrik
- Ereignisse darstellen: z. B. Kaiserkrönung Karls des Großen
- abstrakte Begriffe darstellen: z. B. Eiserner Vorhang
- Klassenstandbild: Besuch auf einem mittelalterlichen Markt

Abfrage von Interessen und Vorstellungen
Gegenwartsbezug herstellen

weiße DIN-A4-Blätter

Durchführung:

Jeder Schüler erhält ein DIN-A4-Blatt. Der Lehrer gibt das Thema der Stunde bzw. der Unterrichtsreihe vor, das jeder Schüler zunächst mittig auf sein Blatt schreibt und umkreist. Anschließend teilt jeder Schüler sein Blatt in vier (oder mehr) gleich große Teile. Der Lehrer diktiert nun einzelne Satzanfänge, die in Zusammenhang mit dem gewählten Thema stehen. Die Schüler schreiben die Satzanfänge in die einzelnen Spalten ihres Blattes, sodass in jeder Spalte ein Satzanfang steht.
Sind die Schüler mit dieser Methode bereits vertraut, können im Klassenverband Impulsfragen gesammelt werden. Die Fragen sollten so formuliert sein, dass eine Betrachtung des Themas aus historischer und heutiger Sicht erfolgen kann. Weiterhin sollte stets der persönliche Bezug zum Schüler im Vordergrund stehen. Die Schüler sind nun aufgefordert, die Satzanfänge nach ihren eigenen Vorstellungen zu beenden. Anschließend tauschen sie sich zunächst mit ihrem Partner oder in der Kleingruppe aus, bevor die Ergebnisse im Plenum gesammelt werden. Der Lehrer kann die Ergebnisse in seine Unterrichtsplanung einbeziehen und je nach Vorwissen, Erwartungen oder Interessenslage mögliche Schwerpunkte setzen und Gegenwartsbezüge herstellen.

Konkretes Unterrichtsbeispiel:

Situation des Dritten Standes während des Absolutismus in Frankreich

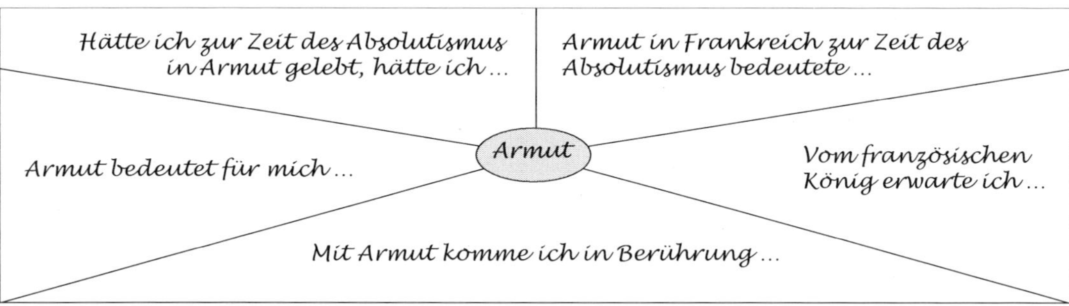

Weitere Unterrichtsbeispiele:

- Demokratie (im antiken Griechenland)
- Gleichheit (im Sozialismus)
- Völkerwanderung (zum Ende des Römischen Reiches)
- Religionsfreiheit (zur Zeit der Glaubenskämpfe während der Reformation)

10 Min.

Einstieg oder Abschluss
sprachliche Stilmittel kennenlernen

passendes Zitat, evtl. Folie oder Tafel

Durchführung:

Den Schülern wird ein kurzes und prägnantes Zitat als stummer Impuls präsentiert (Tafel, Folie oder verbal), zu dem sie sich zunächst spontan äußern und Vermutungen anstellen, wann und in welchem Zusammenhang dieses Zitat geäußert wurde und von wem. Die anschließende zielorientierte Interpretation muss geübt werden und sollte folgende Punkte beinhalten:

1. Inhalt Was wird gesagt?
2. Beziehung Enthält das Zitat eine Selbstoffenbarung, eine Beziehung oder einen Appell?
3. Sprache Welche sprachlichen Besonderheiten sind erkennbar?
4. Haltung Welche Haltung / Weltanschauung wird deutlich?
5. Intention Was ist das Ziel?

Zitate fordern die Schüler nicht nur auf, Kritik zu üben, die Perspektive zu wechseln oder Bilanz zu ziehen, sondern sie schulen auch den Umgang mit rhetorischen Mitteln wie Metapher, Ironie, Zynismus usw.

Konkretes Unterrichtsbeispiel:

Der Versailler Vertrag

Das ist kein Frieden, das ist ein zwanzigjähriger Waffenstillstand.
(Ferdinand Foch, französischer Marschall im Ersten Weltkrieg, 1919)

Inhalt = Bedingungen des Friedensvertrags von Versailles nach Ende des Ersten Weltkrieges im Jahre 1919: Vertrag wird mit einem Waffenstillstand verglichen und scheint daher nicht endgültig bzw. ausreichend zu sein

Beziehung = Selbstoffenbarung: feindliche Stellung zu Deutschland, Unzufriedenheit mit Vertragsbedingungen; indirekter Appell: Aufforderung, die Bedingungen nochmals zu überdenken

Sprache = Antithese: Waffenstillstand ist Teil des noch andauernden Krieges, steht im Gegensatz zum Frieden; Divergenz von wörtlicher und wirklicher Bedeutung des Friedens, Deutschland wurde noch nicht endgültig besiegt

Haltung = Kritik am Vertrag: Frieden wird Deutschland aufgezwungen; Großmachtstellung wird nicht ausreichend geschwächt; Vermutung, dass Deutschland wieder erstarken und Vergeltung suchen wird; ein Wiederaufleben des Krieges scheint unvermeidbar

Intention = Warnung: Deutschland fühlt sich ungerecht behandelt, wird sich wehren und einen neuen Krieg anzetteln

Vorwissen aktivieren
freie Gedankenäußerung zu einem Thema, Problemorientierung

Tafel, Folie oder Karteikarten

Durchführung:

Beim Brainstorming (sinngemäß übersetzt: „Ideenwirbel") gibt der Lehrer einen Begriff, eine Fragestellung oder ein Problem vor, die Schüler sollen alles, was ihnen dazu einfällt, innerhalb einer vorgegebenen Zeit spontan und frei äußern. Die Äußerungen sollten knapp formuliert sein und dürfen zunächst nicht kommentiert oder bewertet werden. Die Äußerungen werden entweder von dem Lehrer oder einem ausgewählten Schüler an der Tafel, auf Folie oder auf Karteikarten schriftlich festgehalten. Um die gesamte Lerngruppe zu aktivieren und den Ablauf zu strukturieren, kann das Brainstorming in Form einer Meldekette organisiert werden. Alternativ stellen sich alle Schüler zu Beginn der Abfrage hin und setzen sich, sobald sie einen Beitrag geleistet haben. Nach Abschluss des Brainstormings können die Äußerungen noch geordnet werden. Dies stellt jedoch nur eine Erweiterung dar und muss nicht unbedingt erfolgen.
Neben der allgemeinen Aktivierung des Vorwissens zu Beginn einer Unterrichtsreihe eignet sich diese Methode vor allem für einen problemorientierten Unterrichtseinstieg. Die Schüler nennen in Hinblick auf ein Problem, einen Konflikt o. Ä. spontan verschiedene Lösungsvorschläge, die im weiteren Unterrichtsverlauf immer wieder aufgegriffen werden können.

Konkretes Unterrichtsbeispiel:

Brainstorming im Rahmen des Themas „Grundherrschaft im Mittelalter"

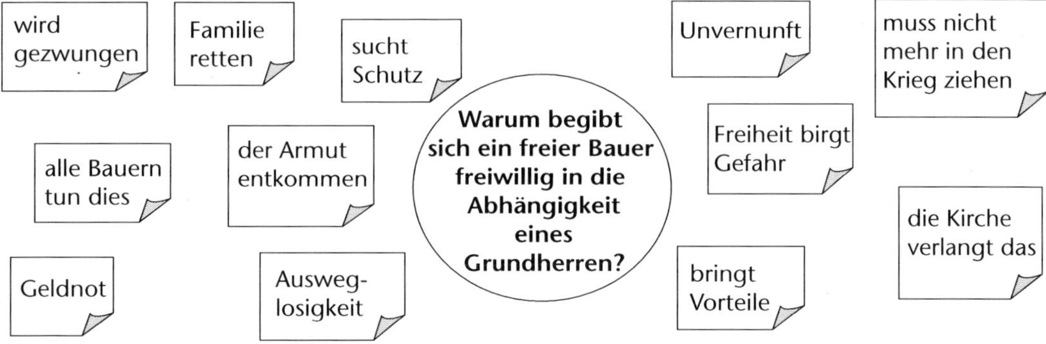

Vorwissen aktivieren
freie Gedankenäußerung, soziale Interaktion

evtl. vorbereitete Arbeitsblätter

Durchführung:

Diese Methode eignet sich besonders zur Sammlung von Lösungsvorschlägen in Hinblick auf ein gestelltes Problem. Die Schüler arbeiten in Sechsergruppen zusammen. Jeder Schüler erhält ein Arbeitsblatt mit einer vorgegebenen Fragestellung und drei Spalten. Zunächst schreibt jeder Schüler für sich drei Ideen als Schlagworte oder kurze Sätze in die Spalten. Nach einer fest vorgegebenen Zeit wird das Blatt im Uhrzeigersinn weitergereicht und der Nachbar kommentiert oder ergänzt die Ideen in der darunterliegenden Zeile. Anschließend wird das Blatt wieder weitergereicht. Der nächste Schüler liest sich alles durch, was bis dahin notiert wurde, und kommentiert oder ergänzt erneut usw. Dieser Vorgang wiederholt sich bis jeder Schüler wieder sein Blatt vor sich hat. Wichtig ist, dass während des gesamten Brainwritings nicht gesprochen wird.
Anschließend werten die Schüler ihre Ideen in der Gruppe aus und wählen den besten Lösungsvorschlag aus. Dieser wird dann den anderen Gruppen im Plenum präsentiert.

Konkretes Unterrichtsbeispiel:

Wie können die Bauern des Mittelalters die wachsende Bevölkerung ernähren?			
Schüler	Idee 1	Idee 2	Idee 3
1	mehr Getreide anbauen	bessere Arbeitsgeräte	mehr düngen
2	Auf welcher Fläche?	z.B. Pflug aus Eisen	mit Mist von Tieren
3	Man könnte Wald roden!	Ist aber sicher teuer?!	Tiere brauchen aber auch Futter!
4	Wald bietet aber auch Nahrung!	verbessert aber die Bodenbearbeitung	ABER: liefern auch Nahrung!
5	Ackerland kann aber intensiver genutzt werden.	Saat wächst besser	z.B. Milch und Eier
6	z.B. Dreifelderwirtschaft	mehr Ertrag = mehr Verdienst (um den Pflug zu bezahlen!)	bessere Ernährung!

Weitere Unterrichtsbeispiele:

- Wie kann sich eine Burg gegen Angreifer verteidigen?
- Wie bauen die Menschen der Steinzeit ihre Häuser?
- Wie kann Karl der Große sein gesamtes Reich ohne moderne Kommunikationsmittel regieren?

2.3 Kopfstand-Methode

15 Min.

Umkehrung einer Problemstellung
kreative Erarbeitung von Lösungswegen

evtl. vorbereitete Karten mit Problemstellungen

Durchführung:

Bei der Kopfstand-Methode wird die Ausgangsfrage bzw. Problemstellung zunächst auf den Kopf gestellt, also in ihr Gegenteil umformuliert. Die Schüler sammeln dann Lösungsvorschläge (z. B. in Form eines Brainstormings), die in Hinblick auf die ursprüngliche Fragestellung destruktiv sind. Die Kopfstand-Frage sollte vor der Erarbeitung mit den Schülern besprochen und an die Tafel geschrieben werden, sodass sie immer präsent ist. Die Methode für die konkrete Erarbeitung ist in Abhängigkeit der zur Verfügung stehenden Zeit und den Methodenkenntnissen der Schüler zu wählen. Abschließend wird die Kopfstand-Frage wieder in die ursprüngliche Frage gekehrt und die gesammelten Ideen in ihr Gegenteil formuliert, sodass Lösungen für das Ausgangsproblem entstehen.
Die mit dieser Methode verbundene Fähigkeit des Perspektivenwechsels schult die kritische Auseinandersetzung mit geschichtlichen Themen und erleichtert die konstruktive Lösung des Problems. Häufig wird der Fokus bei der Lösungsfindung auf neue Bereiche gelegt, die vormals nicht in Betracht gezogen wurden.

Konkretes Unterrichtsbeispiel:

Ursprüngliche Problemstellung:
Wie wird die Kriegsbegeisterung im Volk zu Beginn des Ersten Weltkrieges erzeugt?

Kopfstand-Frage:
Wie kann die Kriegsbegeisterung im Volk zu Beginn des Ersten Weltkrieges gemindert werden?

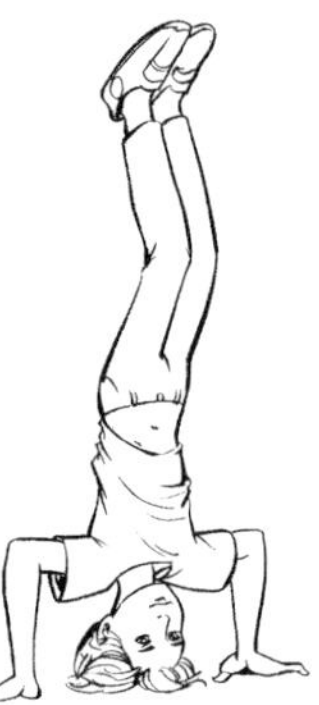

Lösungsvorschläge:
- Gefahren aufzeigen, z.B. körperliche und psychische Schäden
- offizielle Zahlen der Gefallenen veröffentlichen
- schlechtes Image des Soldaten in der Bevölkerung propagieren
- realistische Einschätzung des Lebens an der Front geben (Hunger, Krankheit, Kälte)
- Stärke der anderen Kriegsteilnehmer realistisch darstellen

Weitere Unterrichtsbeispiele:

- Wie muss sich Ludwig XIV. verhalten, um sein Volk gegen sich aufzubringen?
- Wie muss die NSDAP ihr Wahlprogramm gestalten, damit sie von möglichst wenig Menschen gewählt wird?
- Wie gestaltet man zur Zeit der Industrialisierung die Wohn- und Arbeitsplätze der Arbeiter in den Fabriken möglichst gefährlich und menschenunwürdig?

10 Min.

Vorwissen aktivieren
Meinungen / Haltungen abfragen

vorbereiteter Satzanfang

Durchführung:

Die Schüler werden aufgefordert, einen unvollständigen Satz nach ihren eigenen Vorstellungen zu vollenden. Der Impuls soll dabei so offen formuliert sein, dass keine Lenkung stattfindet und die Vollendung des Satzes aus der individuellen Sichtweise des Schülers erfolgen kann. Da ein breites Meinungsspektrum bei dieser Methode erwünscht ist, sollte jeder Schüler seine Sätze zunächst einzeln erarbeiten und auf einem Blatt notieren. Anschließend können die Ergebnisse in Kleingruppen verglichen werden. Die Schüler sollten im Vorfeld darauf hingewiesen werden, dass es keine falschen Antworten, sondern lediglich andere Sichtweisen, persönliche Erfahrungen oder unterschiedliches Vorwissen in Bezug auf ein bestimmtes Thema gibt. Der Austausch dient somit vor allem der Erweiterung des eigenen Horizonts. Abschließend werden die Ergebnisse im Plenum vorgestellt und reflektiert. In diesem Rahmen sollte dann auch auf die unterschiedlichen Sichtweisen, die sich durch die Betrachtung aus heutiger und damaliger Sicht ergeben können, eingegangen werden.

Konkretes Unterrichtsbeispiel:

Revolution heißt für mich, …
sich gegen die bestehende Herrschaft aufzulehnen.
für meine Interessen zu kämpfen.
meine Rechte einzufordern.
Verhandlungen zu führen.
in den Krieg zu ziehen.
in ein neues Zeitalter aufzubrechen.
alte Traditionen aufzugeben.
mich mit anderen zu verbünden.
mutig zu sein.
dass sich etwas verändern muss.
auf sich aufmerksam zu machen.

Weitere Unterrichtsbeispiele:

- Unter absoluter Macht verstehe ich … (Erarbeitung des Begriffs Absolutismus)
- Sklaverei bedeutet für mich … (Merkmale der Sklaverei zur Zeit der Ägypter herausstellen)
- Die Erfindung des Buchdrucks bedeutet für mich … (Erarbeitung der Veränderungen durch die Erfindung des Buchdrucks)

Meinungen / Haltungen abfragen
Konzentrationsförderung, soziale Interaktion

vorbereiteter Satzanfang / konkrete Frage, Plakat

Durchführung:

Das Schreibgespräch stellt eine Form der schriftlichen Kommunikation zwischen zwei Schülern dar. Der Lehrer gibt einen unvollständigen Satz oder eine Fragestellung vor. Die Schüler schreiben abwechselnd all das, was ihnen hierzu einfällt, auf ein gemeinsames Blatt. Dabei notieren sie ihre eigenen Ideen, nehmen Bezug auf die Aussagen des Partners und kommentieren diese. Wichtig ist, dass eine ruhige Atmosphäre herrscht und nicht gesprochen wird. Nach Abschluss des Schreibgesprächs sehen sich die Schüler ihre Äußerungen an und diskutieren darüber. Anschließend wird das Ergebnis dem Plenum vorgestellt.
Um die Methode einzuüben oder zu vereinfachen, kann das Thema auch in verschiedene Thesen gegliedert werden, die auf Plakaten notiert und im Klassenraum verteilt werden. Die Schüler haben nun die Aufgabe, zu jeder These Stellung zu nehmen und ihre Meinung auf den Plakaten zu notieren. Kommentare zu bereits vorhandenen Stellungnahmen sind bei dieser Form des Schreibgesprächs erlaubt, aber nicht zwingend vorgeschrieben. Es können auch neue Aussagen notiert werden. Nach Abschluss des Schreibgesprächs werden die Plakate einzelnen Gruppen zugelost, die sie dann dem Plenum vorstellen.

Konkretes Unterrichtsbeispiel:

Impulse für ein Schreibgespräch zum Thema „Imperialismus"

- Es ist unsere Pflicht, die unterentwickelten Länder zu zivilisieren.
- Sind Kolonien nur Prestigeobjekte?
- Imperialismus sorgt für wirtschaftlichen Aufschwung im Mutterland und der Kolonie.
- Viele Staaten Europas hatten Kolonien. Warum nicht auch Deutschland?
- Ist Afrika ein herrenloses Land?

2.6 Sprechblasentext

10 Min.

Perspektivenwechsel / Empathie
persönliche Meinungen abfragen

Bild auf Folie oder als Kopie

Durchführung:

Eine wichtige Voraussetzung des Geschichtsunterrichts ist die Fähigkeit, sich in vergangene Lebenswelten hineinversetzen zu können. Der Lehrer präsentiert den Schülern eine Bildquelle auf Folie oder gibt vorbereitete Arbeitsblätter aus. Jeder Schüler schreibt nun in eine Sprech- / Gedankenblase, was die abgebildete Person in dieser Situation sagen könnte, welche Gedanken ihr durch den Kopf gehen oder was sie fühlen könnte. Sind mehrere Personen abgebildet, entwickeln die Schüler in Partnerarbeit oder in Kleingruppen Sprechblasentexte. Anschließend werden einzelne Sprechblasentexte ausgewählt und der Klasse vorgestellt. Die Schüler werden so sensibilisiert, welch unterschiedliche Wirkung historische Bilder auf jeden Einzelnen haben können und welche Bedeutung visueller Kommunikation, z. B. in Zeiten eines vorwiegend lese- und schreibunkundigen Volkes, zukam.

Konkretes Unterrichtsbeispiel:

Napoleon überquert die Alpen (Gemälde von Jacques Louis David, 1800)

Ausweitung:

- Momentaufnahme: Was passierte vor und nach dieser Szene?
- Rückbezug am Ende einer Reihe: Was hätte Napoleon gesagt / gedacht, wenn er zu diesem Zeitpunkt schon gewusst hätte, dass …
- Welchen Zweck sollte das Bild erfüllen? (Propaganda, Information, Einschüchterung, Verharmlosung, Übertreibung etc.)

3.1 Expertengespräch (Arbeit mit mündlichen Quellen)

30 Min.

Identifikationsmöglichkeit
ganzheitliches Wissen aneignen

vorbereitete Fragen

Durchführung:

Die Befragung eines Experten im Unterricht kann ein geschichtliches Thema lebendig machen und den Unterricht nach außen hin öffnen. Die Schüler sind meist motiviert, da sie Informationen aus erster Hand bekommen. Während die Befragung von Zeitzeugen auf die neueste Geschichte beschränkt ist, gibt es zu zahlreichen geschichtlichen Themen ausgewiesene Experten, die in den Unterricht eingeladen werden können. Ist das Thema festgelegt und ein geeigneter Experte oder Zeitzeuge gefunden, sollten folgende Punkte beachtet werden:

1. Vorbereitung:

thematisch historischen Hintergrund erarbeiten
Fragenkatalog vorbereiten
Überlegungen zur Sicherung des Gesprächs (Protokoll, Tonband, Video etc.)

zeitlich Zeitrahmen festlegen

räumlich Medien bereitstellen, Sitzordnung anpassen, Klassenzimmer aufräumen etc.

persönlich Verhaltensregeln besprechen
Diskussionsleiter und Protokollanten bestimmen

2. Durchführung:

Fragenkatalog dient als Orientierung während des Gesprächs, spontane Nachfragen können jederzeit eingebaut werden

3. Nachbereitung:

Auswertung Aussagen und Inhalte zusammenfassen
Verständnisprobleme / unbeantwortete Fragen klären
subjektive / objektive Wahrnehmung des Experten erkennen
Lernzuwachs benennen

Sicherung Ergebnisse festhalten (z. B. als Mindmap, Plakat, Zeitungsartikel)

Feedback Fazit des Gesprächs herausstellen
Vor- und Nachteile benennen

Mögliche Experten:

Historiker; Mitglieder regionaler Heimat- und Geschichtsvereine; Mitarbeiter von Museen und Archiven; Zeitzeugen zur Nachkriegszeit, dem Leben in der DDR etc.

15 Min.

Film analysieren
persönliche Bewertung abgeben

Filmwürfel

Durchführung:

Neben Dokumentationen bieten auch (historische) Spielfilme die Möglichkeit, Geschichte erlebbar zu machen. Auf jeden Fall aber sollten die wesentlichen Inhalte im Anschluss besprochen und nachbereitet werden. Hierbei können sowohl die inhaltliche Ebene sowie die Charaktere als auch die Darstellungsformen des Filmes analysiert werden.
Die Methode Filmwürfel dient dabei als Einstieg in die Nachbereitung eines Filmes. Die Schüler arbeiten in Gruppen, jede Gruppe erhält einen Filmwürfel. Innerhalb der Gruppe wird reihum gewürfelt und die Schüler äußern ihre Eindrücke zum Film, indem sie den gewürfelten Satz vervollständigen. Die Gruppenarbeit wird nach einer vorgegebenen Zeit aufgelöst. Anschließend können die Ergebnisse im Plenum, z. B. in Form eines Blitzlichts, vorgetragen werden.

Filmwürfel zur Nachbereitung des Inhalts

		Verwundert hat mich …	
Lustig fand ich …	Überrascht hat mich …	Überhaupt nicht gefallen hat mir …	Nicht verstanden habe ich …
		Am besten gefallen hat mir …	

Beispiele zur Nachbereitung der filmischen Darstellungsform:

- An der Kameraführung ist mir aufgefallen …
- Die Szene … hatte eine besondere Wirkung auf mich, weil …
- Ton und Geräusche wirkten auf mich …
- Das Kostüm der / des … hat mir am besten gefallen, weil …
- Seine / Ihre Rolle besonders authentisch verkörpert hat …, weil …

Perspektivenwechsel
Urteilsbildung und eigene Meinung vertreten

Materialien zur Problemstellung, Plakat, Buntstifte

Durchführung:

Die Schüler werden zunächst anhand ausgewählter Materialien mit einem Problem konfrontiert und sollen sich dann in die Situation der Person oder Bevölkerungsgruppe hineinversetzen, die dieses Problem betrifft. In einem zweiten Schritt entwickeln sie Flugblätter, um auf die herrschenden Missstände aufmerksam zu machen und eine Verbesserung der problematischen Situation herbeizuführen. Als Hilfestellung werden zunächst allgemeine Merkmale eines Flugblatts / einer Protestschrift besprochen.

optische Besonderheiten	große Bilder, grafische Darstellungen Schlagworte, auffällige Worte einprägsames Layout
sprachliche Besonderheiten	Aufforderungen, Fragen an den Leser
inhaltliche Besonderheiten	Aussage des Flugblatts, Forderungen, Urteile

Die Schüler arbeiten in Gruppen zusammen, anschließend präsentieren sie ihre Plakate vor der Klasse.

Konkretes Unterrichtsbeispiel:

Flugblatt des Dritten Standes zu Beginn der Französischen Revolution 1789

WIR HABEN ES SATT!

Der König lässt uns in Armut leben!

Wie lange soll das noch so weitergehen?

Alle Macht dem Volk!

Wir tragen die Lasten der Gesellschaft!

Schluss damit!

Bauern erhebt euch!

Wir fordern:
keine Abgaben und Frondienste
keine Privilegien des Adels
weniger Steuern

25 Min.

Lesen und Bearbeiten von Texten
Textverständnis fördern

geeigneter Text

Durchführung:

Informationstexte sind ein wichtiger Bestandteil des Geschichtsunterrichts und geben den Schülern einen thematischen und zeitlichen Überblick über bestimmte Ereignisse und Themen. Um die wichtigsten Aussagen des Textes in Hinblick auf Thema und Ziel des Unterrichts herauszuarbeiten, sollte die strukturierte Auswertung eines Textes immer wieder mit den Schülern geübt werden.
Die Methode orientiert sich an fünf aufeinanderfolgenden Schritten:

1. **Text grob überfliegen** und sich einen Überblick verschaffen
   - Überschriften (Teilüberschriften) lesen
   - Gliederung des Textes erkennen und nachvollziehen
   - Abschnitte kurz anlesen
2. **Fragen stellen** und die weitere Arbeit planen
   - W-Fragen an den Text stellen
   - unklare Begriffe / Textstellen kennzeichnen
   - Text zeitlich und thematisch einordnen (Anknüpfung an Vorwissen)
3. **Text gründlich lesen** und Informationen herauslesen
   - Schlüsselbegriffe markieren
   - unklare Begriffe / Textstellen klären bzw. im Wörterbuch nachschlagen
   - Abschnitte am Rand zusammenfassen
   - schwierige Textpassagen mehrmals lesen
4. **Wichtige Informationen geordnet zusammenfassen**
   - Notizen in einen Zusammenhang bringen
   - Darstellung in Form einer Mindmap, Skizze, eines Schaubilds, Zeitstrahls etc.
5. **Wiederholung in eigenen Worten** und Verständnis prüfen
   - Beantwortung der Ausgangsfragen
   - Informationen / Ergebnisse präsentieren (z. B. Mindmap)
   - Lernzuwachs formulieren

3.5 Gruppenpuzzle

Kommunikationsfähigkeit trainieren
selbstständige Erarbeitung und Weitergabe des Gelernten

arbeitsteilige Materialien für die Gruppen

Durchführung:

Der Lehrer gliedert das Thema in verschiedene Teilbereiche (im Beispiel vier). Die Schüler werden zunächst in Stammgruppen eingeteilt, deren Stärke sich an der Zahl der Teilbereiche orientiert, in die das Thema unterteilt wurde (im Beispiel vier Schüler je Stammgruppe). Innerhalb der Stammgruppe werden die verschiedenen Themen (selbstständig oder durch die Lehrkraft) verteilt, sodass jedes Mitglied der Stammgruppe Experte für einen Teilbereich (Expertenthema) wird. Nun lösen sich die Stammgruppen auf und es werden Expertengruppen gebildet, in denen dann das Wissen des jeweiligen Teilbereichs erarbeitet wird. Die Experten arbeiten in der Regel zunächst in Einzelarbeit (z. B. anhand der Fünf-Schritt-Lesetechnik), bevor sie anschließend ihre Ergebnisse austauschen, ergänzen, diskutieren und Kurzvorträge für ihre Stammgruppen vorbereiten. Danach kommen die Experten wieder in ihren Stammgruppen zusammen. Die Schüler präsentieren ihre Kurzvorträge der Reihe nach und die Stammgruppe sichert ihre Ergebnisse, z. B. in Form einer Mindmap, eines Plakats oder eines Lückentextes.
Um einen reibungslosen Ablauf des Gruppenpuzzles zu gewährleisten, sollte den Schülern zu Beginn die Methode erläutert und feste Zeiten für die Dauer der einzelnen Phasen vorgegeben werden.

Konkretes Unterrichtsbeispiel:

Gruppenpuzzle zur ägyptischen Gesellschaft

Phase 1 Stammgruppenbildung mit vier Schülern
Wahl der Expertenthemen:
- Hohe Beamte und Schreiber
- Bauern
- Handwerker und Händler
- Sklaven

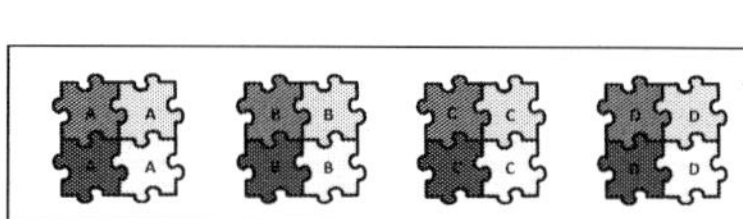

Phase 2 Wissenserwerb in den Expertengruppen
Jeder Infotext ist gegliedert in:
- gesellschaftlicher Rang und Stärke
- Aufgaben / Fähigkeiten
- Besonderheiten / Merkmale

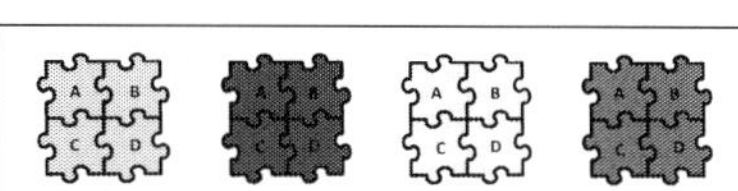

Phase 3 Kurzvorträge in den Stammgruppen
Sicherung in Form einer Mindmap, eines Plakats etc.

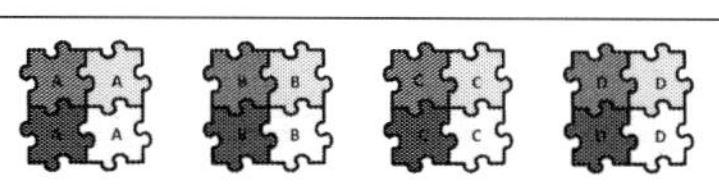

3.6 Historische Kartenarbeit

20 Min.

räumliche Orientierung und Visualisierung schulen
Verortung historischer Ereignisse

historische Karte oder stumme Karte als Kopie

Durchführung:

Eine historische Karte bietet die Möglichkeit, historische Entwicklungen sowie räumliche Veränderungen auf eine anschauliche Weise aufzuzeigen und nachzuvollziehen.
Karten können auf unterschiedliche Weise eingesetzt werden:

Kartenauswertung:

1. Orientierung	Welcher Raum und welche Zeit sind dargestellt?
2. Beschreibung	Was ist dargestellt? (Legende) Welche Informationen können der Karte entnommen werden?
3. Erklärung	Welche Antworten liefert die Karte? Welche Fragen bleiben offen?
4. Wertung	Gibt es Besonderheiten, Auffälligkeiten, einen Gegenwartsbezug?

Kartenfolge:
Zur Darstellung zeitlicher Entwicklungen bietet sich die Präsentation einer Kartenfolge an.

zeitliche Abfolge	z. B. Eisenbahnnetz Raum Nürnberg-Fürth 1835 / 1850 / 1900
räumliche Abfolge	z. B. Eisenbahnnetz England 1840 / Deutschland 1840

Kartenherstellung:
Die Schüler erhalten eine stumme Karte und gestalten diese unter Zuhilfenahme verschiedener Arbeitsmaterialien sowie eines Atlas. Zusätzlich wird eine Legende angelegt, die die verwendeten Darstellungsmittel (Symbole, Farben, Schraffuren, Signaturen oder Diagramme) erklärt.

physische Karten	z. B. Städte, Gewässer und Gebirge, Bodenschätze
thematische Karten	z. B. Herrschaftsgebiete / Grenzen, Handelszentren, wirtschaftliche Nutzung, Kriegsschauplätze, Frontverläufe
zeitliche Entwicklungen	z. B. Bevölkerungsentwicklungen, Siedlungswege, Wachstum von Siedlungen
Itinerarkarten	z. B. Reiserouten und Aufenthaltsorte mittelalterlicher Herrscher

emotionale Stimmungen vermitteln

historisches Lied

Durchführung:

Historische Lieder greifen die Alltagsgeschichte der Menschen auf und spiegeln soziale und politische Verhältnisse der jeweiligen Zeit wider. Darüber hinaus wurden sie häufig auch als Propagandamittel genutzt, um im Volk eine bestimmte Haltung zu verbreiten. Durch die musikalische Untermalung vermitteln sie ein lebendiges Bild geschichtlicher Ereignisse und ermöglichen dem Schüler, die Stimmung zu dieser Zeit nachzuempfinden.
Zunächst wird den Schülern das Lied ohne Liedtext vorgespielt. In Form eines Brainstormings werden die ersten Reaktionen bzw. Äußerungen der Schüler eingefangen und unbekannte Begriffe erklärt. Danach erhalten die Schüler den Liedtext und hören das Lied erneut an. In der anschließenden Auswertung wird das Lied auf verschiedene Aspekte hin untersucht und die Ergebnisse im Plenum zusammengetragen. Zur weiterführenden Auseinandersetzung kann das Lied in Gruppenarbeit weitergeschrieben oder unter Verwendung der gleichen Melodie ein neues Lied als Antwort der gegnerischen Sicht geschrieben werden.

musikalische Merkmale

- Was fällt dir an der Melodie auf?
- Welche Besonderheiten weisen Takt und Rhythmus auf?
- Welche Instrumente werden verwendet?

inhaltliche Merkmale

- Was ist die Aussage des Liedes?
- Wer hat das Lied verfasst?
- An wen ist das Lied gerichtet?

historischer Kontext

- Wo ist das Lied entstanden? (räumlich)
- Wann ist das Lied entstanden?
- Warum ist das Lied entstanden? (Auslöser)

Unterrichtsbeispiele:

- Industrialisierung: *„Bet' und arbeit'"* (Georg Herwegh, 1863)
- Novemberrevolution 1918: *„Wem hamse de Krone jeklaut?"* (Volkslied)
- Wirtschaftswunder: *„Lied vom Wirtschaftswunder"* (Wolfgang Neuss, Wolfgang Müller, Text: Günter Neumann, 1958)
- Frauenbild 50er/60er Jahre: *„Wenn ich ein Junge wär"* (Rita Pavone, 1963)

20 Min.

Bildabsichten erkennen
kritische Beurteilung schulen

Bildquelle auf Folie oder als Kopie

Durchführung:

Der Lehrer präsentiert den Schülern eine Bildquelle auf Folie oder gibt vorbereitete Arbeitsblätter aus. Neben der reinen Bildbeschreibung soll vor allem die Wirkung auf den Betrachter beschrieben und die daraus resultierende Intention des Bildes erkannt werden. Eine kritische Auseinandersetzung kann z. B. in Form eines gelenkten Unterrichtsgesprächs oder durch Vorgabe verschiedener Fragestellungen erreicht werden.

Konkretes Unterrichtsbeispiel:

Unfall in einer Maschinenfabrik (Johann Bahr, Holzstich um 1889)

Aussage des Bildes:
Die Schüler arbeiten anhand einer kritischen Bildanalyse heraus, dass zur Zeit der Industrialisierung eine hohe Unfallgefahr in den Fabriken herrschte, auf die die verschiedenen Bildelemente (Keilriemen, offenes Sägeblatt, fehlende Schutzkleidung, Beengtheit etc.) hinweisen. Außerdem wird auf die Notwendigkeit einer Sozialreform und insbesondere einer Sozialversicherung hingewiesen, wodurch die Rechte und Arbeitsbedingungen der Arbeiter verbessert würden und eine Absicherung der Arbeiterfamilien (Frau mit Kind) gewährleistet wäre.

25 Min.

kommunikative Textarbeit
Stärkung des Textverständnisses

Text und Frage-Antwort-Karten

Durchführung:

Die Schüler bearbeiten zunächst einen Text in Einzelarbeit, z. B. mithilfe der Fünf-Schritt-Lesetechnik. Anschließend erhält jeder Schüler eine Karte, die auf der Vorderseite eine Frage zum Text, auf der Rückseite die Antwort enthält. Die Schüler bewegen sich nun frei im Klassenraum, treffen sie auf einen Mitschüler, stellen sie sich gegenseitig ihre Frage und beantworten diese. Ist die Antwort falsch oder unvollständig, korrigiert der fragende Schüler die Antwort. Wurden beide Fragen korrekt beantwortet, tauschen die Paare die Karten und suchen sich einen neuen Partner.

Konkretes Unterrichtsbeispiel:

Lauftext zum Thema „Werkzeuge der Steinzeit"

Welches war das erste Werkzeug der Steinzeitmenschen?	Nenne drei Werkzeuge, die aus Feuerstein hergestellt wurden.	Wozu brauchte man Werkzeuge?	Die beste Erfindung der Steinzeitmenschen war …
der Faustkeil aus Geröllstein	*Kratzer, Bohrer, Äxte, Messer, Schaber*	*Tiere jagen und häuten, nützliche Dinge herstellen*	*die Speerschleuder*

In jeder Gruppe von Steinzeitmenschen gab es auch geschickte Handwerker. Wenn die Kraft von Händen oder Zähnen nicht ausreicht, braucht man […] passendes Werkzeug. Zuerst gab es nur das einfachste Werkzeug, den Faustkeil aus Geröllstein. Später konnten die Steinzeitmenschen aus den scharfkantigen Feuersteinen noch andere Dinge herstellen: Sie schlugen Klingen zurecht und benutzten sie als Messer. Dann haben die Menschen diese Werkzeuge weiterentwickelt. Im Laufe der Zeit wurden sie feiner und handlicher. Die Handwerker stellten Kratzer, Bohrer, Messer, Schaber und Äxte her. Mit ihnen jagten und häuteten sie Tiere und zerschnitten das Fleisch. Felle, Knochen, Geweihe, Holz und Mammutelfenbein verarbeiteten sie mit den Werkzeugen zu verschiedenen nützlichen Dingen, zu Jagdwaffen, Musikinstrumenten und zu Schmuck. Die beste Erfindung der Steinzeithandwerker ist die älteste Maschine der Welt: die Speerschleuder. An einer kurzen Holzstange wurde ein Haken aus Knochen oder Geweih befestigt. Dann wurde der Speer in diese Schleuder eingehakt. Wenn man ihn damit warf, flog er mit großer Kraft sehr schnell und sehr weit – bis zu 180 Metern. So konnten die Steinzeitmenschen Tiere also auch aus größerer Entfernung jagen.

Auszug aus: Bei den Steinzeitmenschen von Christa Holtei

3.10 Lerntempoduett (Busstopp)

45 Min.

schülerzentrierte Textarbeit
individuelles Lerntempo berücksichtigen

Materialien und Schilder für die Stationen

Durchführung:

Im Vorfeld wird für jede Aufgabe, die von den Schülern bearbeitet werden soll, ein Treffpunkt im Klassenraum festgelegt und mit einem Schild markiert. Die einzelnen Aufgaben werden an den entsprechenden Treffpunkten bereitgelegt (Aufgabe 1 = Treffpunkt 1, Aufgabe 2 = Treffpunkt 2 etc.). Zunächst erarbeitet jeder Schüler in Einzelarbeit, in seinem eigenen Tempo die erste Aufgabe an seinem Arbeitsplatz. Hat er die Aufgabe bearbeitet, begibt er sich an den ersten Treffpunkt. Dort wartet er, bis ein weiterer Schüler an den Treffpunkt kommt. Die beiden Schüler suchen sich anschließend einen freien Platz im Klassenzimmer, an dem sie sich in Ruhe über die Aufgabe austauschen, ihre Ergebnisse überprüfen und sich gegenseitig korrigieren.
Anschließend fahren die Schüler in der gleichen Weise (Einzelarbeit → Partnerarbeit) mit der Bearbeitung der weiteren Aufgaben fort.
Wichtig: Den Schülern sollte klargemacht werden, dass Tempounterschiede normal sind und sie nicht auf Freunde oder Banknachbarn warten sollten.
Bei einer ungeraden Schülerzahl oder lernschwachen Schülern kann der Austausch auch in einer Dreiergruppe erfolgen.

Konkretes Unterrichtsbeispiel:

Lerntempoduett zur Weltwirtschaftskrise von 1929

Aufgabe / Treffpunkt 1:
EA: Die Schüler tragen die Ursachen für die Weltwirtschaftskrise nach Ende des Ersten Weltkrieges zusammen.
PA: Die Schüler vergleichen ihre Ergebnisse und ergänzen sich gegenseitig.

Aufgabe / Treffpunkt 2:
EA: Die Schüler erarbeiten die wirtschaftlichen Auswirkungen des Börsenkrachs von 1929.
PA: Die Schüler vergleichen ihre Ergebnisse und ergänzen sich gegenseitig.

Aufgabe / Treffpunkt 3:
EA: Die Schüler stellen die Veränderungen im Alltag durch die Inflation heraus.
PA: Die Schüler vergleichen ihre Ergebnisse und ergänzen sich gegenseitig.

3.11 Lernzirkel (Stationenlauf)

45 Min.

selbstständige Erarbeitung eines Themenkomplexes
verschiedene Lerntypen berücksichtigen

Laufzettel und Materialien für die Stationen

Durchführung:

Im Klassenzimmer werden verschiedene Stationen eingerichtet, an denen unterschiedliche Materialien zu einem übergeordneten Thema ausgelegt sind. Die Schüler können so das Thema innerhalb eines vorgegebenen Zeitrahmens in wechselnden Sozialformen (Einzel-, Partner- oder Gruppenarbeit) selbstständig erarbeiten. Die verschiedenen Stationen sollten so angelegt sein, dass sie unterschiedliche Zugangswege eröffnen und so die unterschiedlichen Lerntypen ansprechen. Neben kognitiven sollten vor allem auch handlungsorientierte Materialien und Medien angeboten werden. Jeder Schüler bearbeitet die Aufgaben in seinem individuellen Lerntempo. Die Reihenfolge, in der die Stationen bearbeitet werden, ist in der Regel frei wählbar. Es kann zwischen Wahl- und Pflichtstationen unterschieden werden, wobei die Pflichtstationen von jedem Schüler besucht werden müssen. Die Wahlstationen ermöglichen den Schülern, Themen nach persönlichem Interesse auszuwählen, und bilden zudem ein Zusatzangebot für besonders lernstarke und schnelle Schüler.

Tipps zur Vorbereitung und Durchführung eines Lernzirkels

Konkretes Unterrichtsbeispiel:

Mögliche Stationen eines Lernzirkels zum Thema „Römer“

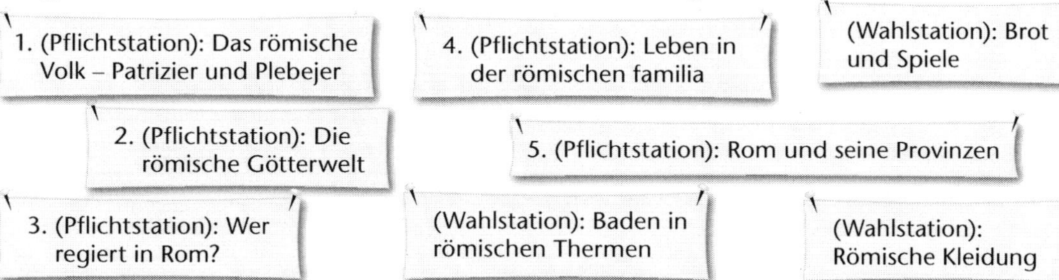

20 Min.

Themen entwickeln und Arbeitsergebnisse gliedern
Visualisierung eines Themenbereichs

Plakate

Durchführung:

Beim Mindmapping werden einzelne Informationen zu einem übergeordneten Thema gesammelt und als Schlagworte strukturiert dargestellt. Das übergeordnete Thema steht zentral in der Mitte, hiervon gehen zunächst verschiedene Unterthemen ab. Diese können wiederum in Unterpunkte gegliedert werden, sodass sich die Struktur immer weiter verzweigt. Die Mindmap ermöglicht es so, immer tiefer in eine Thematik einzusteigen, ohne dabei das übergeordnete Thema aus den Augen zu verlieren, da alle Unterthemen inhaltlich mit dem Hauptthema verbunden sind.
Steht ein Computer zur Verfügung können Mindmaps auch mithilfe einer entsprechenden Software erstellt werden. Hier können die einzelnen Knotenpunkte jederzeit verschoben werden, was es erleichtert, aus einer Stoffsammlung eine strukturierte Gliederung zu erstellen. Im Internet gibt es diverse Angebote zum kostenlosen Download entsprechender Software.

1. Schritt: Thema (Stamm) in der Mitte des Plakats platzieren
2. Schritt: Hauptäste formulieren und um das Thema anordnen
3. Schritt: Nebenäste anlegen und weiter verzweigen
4. Schritt: Mindmap fertigstellen
- Überprüfung der Zuordnungen
- Querverbindungen einfügen
- Zeichnungen / Grafiken einfügen

Konkretes Unterrichtsbeispiel:

Mindmap zum Thema „Versailler Vertrag"

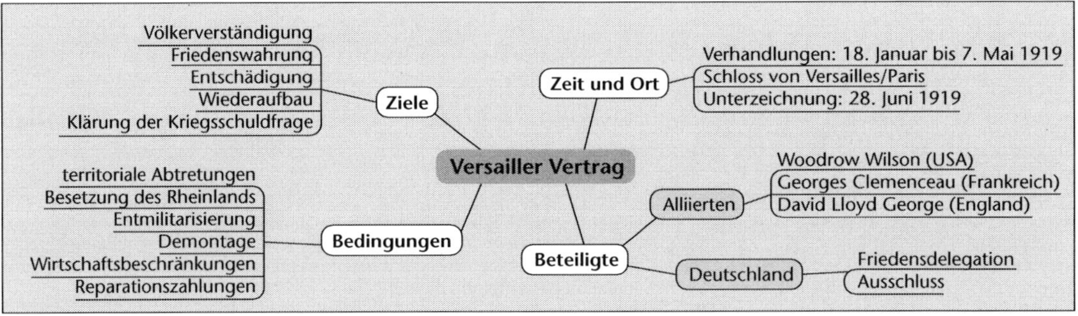

3.13 Museumsrallye

historische Ausstellungen selbstständig entdecken
Eigenorganisation und Teamwork fördern

vorbereiteter Fragebogen, Klemmbretter, Stifte

Durchführung:

Eine Museumsrallye bietet den Schülern die Möglichkeit, eine Ausstellung oder ein Museum selbstständig anhand eines vorbereiteten Fragebogens zu erkunden. Die Methode eignet sich besonders für jüngere Schüler, da sie einen spielerischen Zugang zur Informationsfülle eines Museums bietet und durch konkrete Aufgabenstellungen einen zielgerichteten Wissenszuwachs ermöglicht. Viele Museen bieten bereits fertig ausgearbeitete Rallyes an, die vor Ort erworben oder im Vorfeld angefordert werden können. Häufig können die Materialien auch kostenfrei im Internet heruntergeladen werden. Zur optimalen Anknüpfung an den Unterricht bietet sich jedoch eine selbst konzipierte Rallye an.
Die Schüler arbeiten während der Rallye in Kleingruppen (2–4 Schüler) zusammen, so können sie die Aufgaben besprechen und gemeinsam nach Hinweisen und Antworten suchen. Die Ergebnisse notiert dann jeder Schüler für sich auf seinem Aufgabenblatt. Um Stau an den Stationen zu vermeiden, können die Gruppen an unterschiedlichen Stationen starten. Die Auswertung sollte, wenn möglich, vor Ort, z. B. in einem Gruppenraum, erfolgen. Alternativ erfolgt die Auswertung der Fragebögen in der nächsten Unterrichtsstunde.

Konkretes Unterrichtsbeispiel:

Aufgabenstellungen einer Museumsrallye zum Thema „Ritter und Burgen“

Nachdenken & Kombinieren
Wozu wurde dieses Werkzeug benutzt?

genaues Betrachten
Beschreibe das Wappen. Was fällt dir auf?

Originale finden
Wo befindet sich diese Lanze?

Zeichnungen beschriften
Beschrifte die Zeichnung der Burg.

Originale abzeichnen
Zeichne eine Skizze der Ritterrüstung.

Antworten ankreuzen
Welche Aussagen zum Thema „Ritterturnier“ sind richtig?

Fachbegriffe finden
Wie wird der höchste Punkt einer Burg genannt?

3.14 Placemat (Platzdeckchen)

30 Min.

Arbeitsergebnisse strukturieren und zusammenführen
kooperatives Lernen fördern

Placemat-Schema (Platzdeckchen) für jede Gruppe,
Materialien zu verschiedenen Aspekten eines Themas

Durchführung:

Die Schüler bilden Vierergruppen, jede Gruppe erhält ein Placemat-Schema, idealerweise auf DIN A3 kopiert, das in die Mitte des Gruppentisches gelegt wird. Zunächst beschäftigt sich jedes Gruppenmitglied in Einzelarbeit mit einem Arbeitsauftrag (z. B. Vorwissen zu einer Fragestellung sammeln, wichtige Stichpunkte aus einem Text herauslesen) und notiert seine Ergebnisse in seinem Teil des Platzdeckchens. Anschließend folgt der Austausch in der Gruppe. Die Gruppenmitglieder stellen nacheinander ihre Ergebnisse vor. Alternativ kann das Blatt auch gedreht werden, sodass alle Gruppenmitglieder nacheinander die Ergebnisse der anderen zur Kenntnis nehmen. Im Anschluss diskutieren die Schüler ihre Notizen in der Gruppe und berichtigen sich gegebenenfalls, um dann ein gemeinsames Ergebnis im Mittelfeld des Platzdeckchens festzuhalten. Abschließend präsentieren die Gruppen ihre Placemats im Plenum.

Konkretes Unterrichtsbeispiel:

Placemat zum Thema „Ursachen des Ersten Weltkrieges"

Schüler 1

- *Veränderungen nach Bismarcks Sturz 1890*
- *offensive Politik des Gleichgewichts*
- *Deutschland wird Kolonialmacht*
- *Streben nach führender Weltmachtstellung*

Schüler 2

- verändertes Mächtegleichgewicht in Europa
- Rivalitäten zwischen den Großmächten wachsen
- Wettrüsten zwischen Großbritannien und Deutschland
- wachsende Konflikte zwischen Österreich-Ungarn und Russland

Auslöser für den Ersten Weltkrieg

1. *Deutschland verfolgt ab 1890 eine offensive Politik (Weltmachtstellung).*
2. *Das veränderte Mächtegleichgewicht in Europa führt zu Spannungen (Folge: Aufrüsten als Vorbereitung auf einen möglichen Krieg).*
3. *Blockbildung der Bündnisse*
4. *Die angespannte Stimmung auf dem Balkan führt zum Kriegsausbruch.*

Schüler 3

- *Interessenkonflikte auf dem Balkan*
- *Probleme im Vielvölkerstaat Österreich-Ungarn*
- *nationalistische Politik der Serben*
- *Attentat auf den Thronfolger Österreich-Ungarns*

Schüler 4

- Bismarck unterstützt defensive Militärbündnisse.
- Veränderung der außenpolitischen Lage ab 1890
- Blockbildung der Bündnisse: „Dreibund" – „triple entente"
- Deutschland fühlt sich umklammert.

3.15 Rollenspiel

45 Min.

eigenverantwortlicher Umgang mit einem Thema / einer Situation
Perspektivenwechsel und Empathie schulen

Materialien für die Rollen, Beobachtungsaufträge

Durchführung:

Das Rollenspiel bietet den Schülern die Möglichkeit, sich in Situationen hineinzuversetzen, um typische Denk- und Verhaltensweisen der damaligen Zeit und daraus resultierende Konflikte und Probleme nachempfinden zu können.
Zunächst bereiten die Schüler ihre Rolle anhand ausgewählter Materialien vor, indem sie die wichtigsten Merkmale und Ziele der Rolle stichwortartig zusammenfassen. Je nach Lernziel und Vorwissen der Schüler sollte genügend Zeit zur intensiven Auseinandersetzung mit der Rolle gegeben werden. Die Vorbereitung kann auch in Kleingruppen erfolgen: Jede Gruppe bereitet eine Rolle vor und bestimmt dann einen Schüler, der die Rolle im Spiel verkörpert. Ist die Klasse mit der Methode Rollenspiel noch nicht vertraut, bietet es sich an, die Spielphase durch einen Moderator zu lenken, der in das Spiel integriert ist. So wird gewährleistet, dass das Ziel des Spiels nicht aus den Augen verloren wird.
Die Schüler, die nicht aktiv am Rollenspiel teilnehmen, erhalten Beobachtungsaufträge, die die Grundlage der anschließenden Auswertung des Spiels bilden. Abschließend erhalten auch die Spieler die Möglichkeit, der Klasse ihre Eindrücke und Erfahrungen während des Spiels mitzuteilen.

Vorbereitungsphase — Spielphase — Besprechungsphase

Konkretes Unterrichtsbeispiel:

Rollenspiel zum Thema „Leben in der mittelalterlichen Stadt"

Die Schüler erhalten zunächst Informationen über die hygienischen Bedingungen in mittelalterlichen Städten. Anhand dieser Informationen finden sie heraus, dass verunreinigtes Flusswasser die Ausbreitung der Pest und anderer Krankheiten begünstigt. Im Rahmen des Rollenspiels sollen die Interessenkonflikte der Flusswassernutzung verdeutlicht und eine Lösung des Problems gefunden werden. Neben Handwerkern (wie Müller, Fischer und Bierbrauer), die sauberes Wasser für ihre Arbeit benötigen, kommen auch ein Arzt und der Vorsteher des Siechenhauses zu Wort, die auf die gesundheitlichen Folgen hinweisen. Auf der anderen Seite stehen Handwerker wie Färber, Gerber, Pergamenthersteller und Schlachter, die ihre Abfälle in den Fluss einleiten und somit zur Verschmutzung beitragen.

kritische Betrachtung historischer Dokumente
zeitgenössische Eindrücke gewinnen

geeignete Quelle, evtl. Auswertungsvorgaben, Hilfestellungen

Durchführung:

Schriftliche Quellen sind wichtige, originale Dokumente der Geschichte. Da die Arbeit mit Quellen von Schülern oft als langweilig empfunden wird und sie meist wenig motiviert sind, sich damit auseinanderzusetzen, sollten den Schülern entdeckende und problemorientierte Möglichkeiten zur Quellenanalyse vermittelt werden. So kann als Einstieg in die Quellenanalyse den Schülern eine in einzelne Sinnabschnitte zerschnittene Quelle vorgelegt werden, die dann von den Schülern rekonstruiert werden muss. Eine andere Möglichkeit ist, in dem Text Schlüsselwörter zu löschen, die dann von den Schülern ermittelt werden müssen.
Bei der anschließenden Auswertung empfiehlt es sich, den Schülern keine fertig ausgearbeitete Analyse oder Kritik zu präsentieren, sondern zentrale Aspekte vielmehr im Plenum zu erarbeiten.
Eine zeichnerische Darstellung der Aussage der Quelle oder eine „Übersetzung" in moderne Sprache bzw. Jugendsprache bieten Möglichkeiten zur vertiefenden Auseinandersetzung mit der Quelle.

Die Analyse schriftlicher Quellen orientiert sich im Wesentlichen an folgenden Schritten:

1. **formale Beschreibung**
   Herkunft (räumlich)
   Entstehung (zeitlich)
   Verfasser und Adressat (soziale Stellung)
   Textart (Brief, Vertrag, Rede etc.)
2. **inhaltliche Zusammenfassung**
   dargestelltes Problem / Ereignis
   Leitgedanke
   Kernaussage
   Aufbau und sprachliche Besonderheiten (Schlüsselwörter)
3. **historischer Kontext**
4. **Bewertung / Fazit**
   Bedeutung
   Glaubwürdigkeit
   Wirkung
   Zweck

15 Min.

vertiefende Auswertung von Diagrammen
abstrakte Informationen veranschaulichen

Diagramm / Schaubild, passende Aussagen, evtl. Plakat

Durchführung:

Die Auswertung statistischer Darstellungen oder abstrakter Schaubilder bereitet den Schülern häufig Probleme, da die einzelnen Informationen in einen inhaltlichen Zusammenhang gebracht und auf die „Realität" übertragen werden müssen. Diese Methode erleichtert den Schülern die Auswertung abstrakter Schaubilder oder Diagramme, da sie hier mit Aussagen arbeiten, die die abstrakten Inhalte des Schaubilds oder Diagramms aus Sicht eines Zeitgenossen oder in Hinblick auf eine konkrete Situation oder ein Ereignis beschreiben. Diese Aussagen werden dann den entsprechenden Informationen des Schaubilds bzw. Diagramms zugeordnet. Die Zuordnung kann durch Nummern oder Verbindungslinien erfolgen. Alternativ kann das Schaubild bzw. Diagramm auch auf ein Plakat geklebt werden, die Aussagen werden entsprechend zugeordnet und können an passenden Stellen aufgeklebt werden. Die Schüler arbeiten dabei in Partner- oder Gruppenarbeit, da sie über ihre Zuordnungen diskutieren sollen.

Konkretes Unterrichtsbeispiel:

Sprechendes Schaubild zum Thema „Die Verfassung der Römischen Republik"

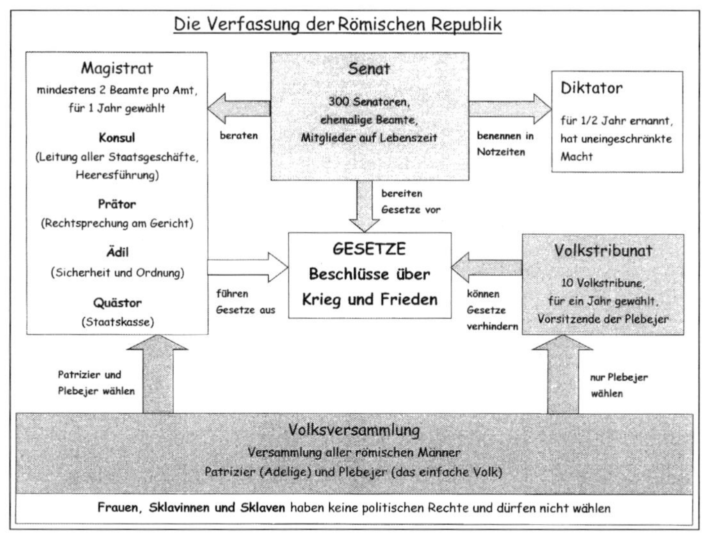

„Soll ein neues Gesetz beschlossen werden, bereiten wir es vor."

„Als oberster Beamter leite ich die Staatsgeschäfte."

„Das Recht zu wählen ist für mich tabu."

„Durch unser Recht, Einspruch zu erheben, können wir Gesetze verhindern."

„Wir werden von Patriziern und Plebejern gewählt."

„Ich bleibe in meinem Amt, solange ich lebe."

problemlösendes Denken und Hypothesenbildung fördern
fachliche Zusammenhänge herstellen

Leitfrage und geeignete Textkarten

Durchführung:

Diese Methode fordert die Schüler auf, in die Rolle eines Detektivs zu schlüpfen und anhand ungeordneter Informationen und Hinweise eine Leitfrage zu beantworten oder ein Problem zu lösen. Dabei treten zwangsläufig unterschiedliche Lösungswege auf, die das mehrperspektivische Denken und Lernen fördern. Die Schüler arbeiten in Partner- oder Gruppenarbeit (3–4 Schüler) zusammen. Jede Gruppe erhält einen Umschlag mit max. 20–30 Informationskarten. Auf den Karten sind einzelne Schlagworte, Sätze oder kurze Textpassagen rund um ein Thema vorgegeben, ergänzend können auch Abbildungen angeboten werden. Im Mittelpunkt der „Ermittlungen" sollte die Geschichte einer zentralen Person (real oder fiktiv) stehen, mit der sich die Schüler identifizieren können. Darüber hinaus enthalten die Textkarten auch nebensächliche, inhaltlich abgeschlossene Informationen, die die Schüler auffordern, Informationen zu gewichten und in Hinblick auf das Problem zu differenzieren.

Die folgenden Schritte werden nacheinander durchlaufen:

1. **Lesephase**
2. **Karten sortieren** (nützliche / weniger nützliche Informationen)
3. **Informationen miteinander verknüpfen** (Hypothesen bilden und überprüfen)
4. **Leitfrage beantworten**
5. **Reflexionsphase:** verschiedene Lösungswege erläutern

Konkretes Unterrichtsbeispiel:

Textpuzzle zur Leitfrage: Warum wird Caesar ermordet?

Ab 58 v. Chr. unternimmt Caesar viele Feldzüge und erobert die Provinz Gallien.

Gaius Julius Caesar wird im Jahre 100 v. Chr. geboren.

Gladiatoren werden in besonderen Schulen ausgebildet.

Schon als junger Mann ist es sein Wunsch, Politiker zu werden.

Im Jahre 59 v. Chr. wird Caesar zum Konsul ernannt.

Die Julier sind eine angesehene Adelsfamilie.

An den Iden des März 44 v. Chr. wird Caesar von einer Gruppe Senatoren mit Dolchen niedergestochen.

Caesar veranstaltet ab 60 v. Chr. Gladiatorenkämpfe und Wagenrennen, um sich beim Volk beliebt zu machen.

...

Die Amtszeit eines Konsuls beträgt ein Jahr.

Iden des März = der 15. März

3.19 Think-Pair-(Square)-Share

20 Min.

kooperatives Arbeiten fördern
Kombination von Einzel- und Gruppenarbeit

geeignete Arbeitsmaterialien

Durchführung:

Im Vergleich zur klassischen Einzel-, Partner- oder Gruppenarbeit ermöglicht diese Methode sowohl eine persönliche als auch eine kooperative Auseinandersetzung mit einer Fragestellung und verbindet so die Vorteile der einzelnen Sozialformen. Durch die Einzelarbeit ist jeder Schüler gezwungen, sich intensiv mit einer Fragestellung auseinanderzusetzen, anschließend kann er seine Ergebnisse mit anderen Schülern besprechen, erweitern und korrigieren, bevor eine gemeinsame Besprechung im Plenum erfolgt. Je nach Zeitpensum verläuft die Methode in drei oder vier Schritten. Zu Beginn jeder Phase erhalten die Schüler eine genaue Zeitvorgabe.

1. Think individuelle Auseinandersetzung mit einer Aufgabe in Einzelarbeit
2. Pair Austausch der Ergebnisse in Partnerarbeit und Verständnissicherung (Ergebnisse vortragen, Ergänzungen vornehmen, Fragen stellen)
(3. Square) Austausch der Ergebnisse in der Vierergruppe (aktives Zuhören) Jeder Schüler stellt die Ergebnisse seines Partners vor.
4. Share Präsentation der Ergebnisse im Plenum (durch Gruppensprecher oder die gesamte Gruppe)

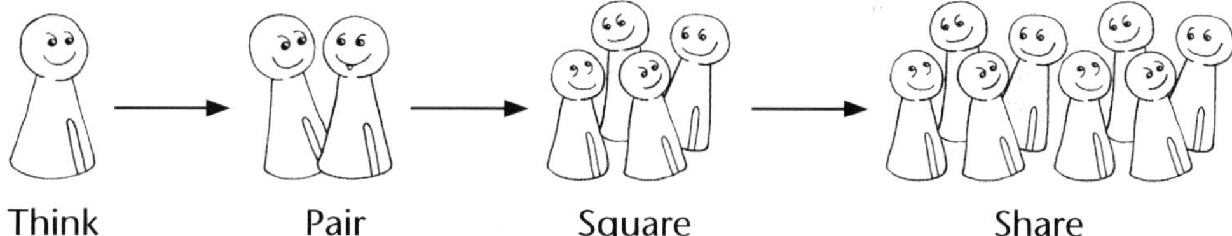

Konkretes Unterrichtsbeispiel:

Erklärung der Menschen- und Bürgerrechte zur Zeit der Französischen Revolution in Frankreich (26. August 1789)

Die Schüler beschäftigen sich zunächst in Einzelarbeit mit verschiedenen Artikeln der Menschen- und Bürgerrechte von 1789 und überprüfen, in welchen Lebensbereichen die Grundsätze der Revolution – Freiheit, Gleichheit, Brüderlichkeit – umgesetzt wurden. Anschließend erfolgt ein Austausch in Partnerarbeit, die Schüler stellen sich gegenseitig ihre Überlegungen vor. Im Anschluss werden in der Vierergruppe die Ergebnisse des Partners wiedergegeben. Die abschließende Ergebnispräsentation erfolgt im Klassenverband und wird durch den Lehrer moderiert, der die Ergebnisse von verschiedenen Gruppen abruft.

3.20 Zeitstrahl erstellen

30 Min.

Zeiträume erschließen
historische Zusammenhänge erkennen

Papier, Folie oder Plakat, Text & Abbildungen

Durchführung:

Der Zeitstrahl bildet ein wichtiges Medium, um historische Entwicklungen deutlich zu machen. Er erleichtert das Zurechtfinden in der Geschichte und hilft den Schülern, Ereignisse einzuordnen und in einen zeitlichen Zusammenhang zu bringen. Neben der Sicherung am Ende einer Unterrichtsreihe bietet sich die Methode auch zur Erarbeitung eines neuen Themas an: Die Schüler bearbeiten einen Informationstext und verschaffen sich zunächst einen Überblick über das Thema. Im zweiten Schritt werden die Informationen schlagwortartig in den Zeitstrahl eingetragen. Bei jüngeren Schülern kann ein vorgefertigter Zeitstrahl eingesetzt werden oder sie erhalten Hilfestellungen bei der Umsetzung, z. B. durch Vorgabe von Anfangs- und Enddatum oder einzelner markanter Ereignisse oder Jahreszahlen. Maßstab und formaler Aufbau sollten vorab besprochen werden. Der Zeitstrahl kann durch Zeichnungen oder Abbildungen ergänzt werden.

Konkretes Unterrichtsbeispiel:

Der Weg zur deutschen Einheit

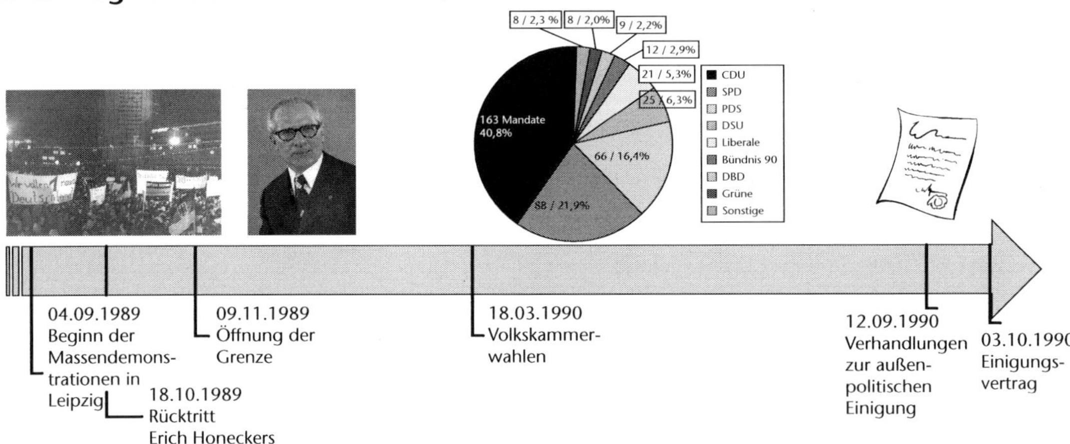

Tipps:

1. **Maßstab beachten:** Der Abstand zwischen einzelnen Monaten, Jahren oder Jahrzehnten muss stets gleich groß sein, um eine authentische Darstellung zu gewährleisten.
2. **Zeitstrahl am Computer:** Mithilfe gängiger Office-Programme wie PowerPoint oder Excel kann ein Zeitstrahl auch am Computer erstellt werden.

30 Min.

Gesprächsverhalten trainieren
viele Schüler an einer Diskussion beteiligen

schriftliche Arbeitsergebnisse, ggf. auf Karteikarten

Durchführung:

Zu Beginn steht eine Gruppenarbeitsphase zur Vorbereitung des Themas. Anschließend werden aus jeder Gruppe Schüler in einen inneren Sitzkreis entsendet. Hier präsentieren bzw. diskutieren sie die Ergebnisse der Arbeitsphase. Die restlichen Schüler bilden einen Außenkreis und beobachten die Diskussion des Innenkreises. Im Laufe der Diskussion können sich einzelne Schüler des Außenkreises in die Diskussion des Innenkreises einklinken. Hier sind zwei Varianten denkbar:

1. Im Innenkreis befindet sich ein zusätzlicher freier Stuhl. Möchte ein Schüler aus dem Außenkreis an der Diskussion des Innenkreises teilnehmen, besetzt er diesen Platz. Um möglichst vielen Schülern des Außenkreises die Gelegenheit zu geben, ihre Beiträge in die Diskussion einzubringen, sollte eine maximale Verweildauer auf dem freien Stuhl vorgegeben werden.
2. Möchte ein Schüler aus dem Außenkreis an der Diskussion teilnehmen, klopft er einem Mitglied des Innenkreises auf die Schulter und die beiden Schüler tauschen ihre Plätze. Auf diese Weise wird der Innenkreis immer wieder neu besetzt. Jedem Schüler steht eine minimale Verweildauer im Innenkreis zu.

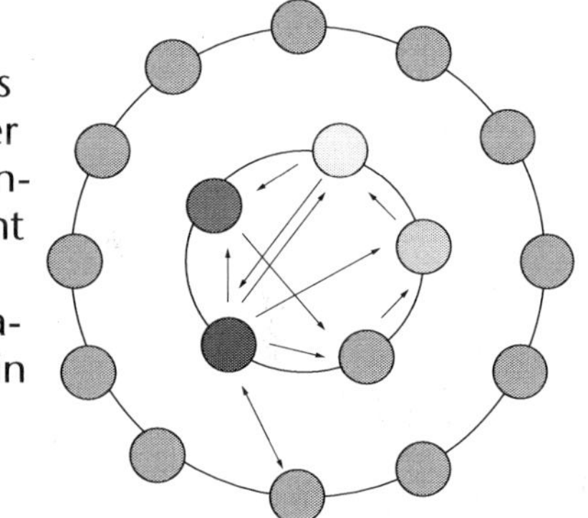

Bei beiden Varianten leitet ein unbeteiligter Moderator, der Mitglied des Innenkreises ist (Lehrer oder ein Schüler), die Diskussion. Er ist dafür zuständig, dass die Gesprächsregeln eingehalten werden und die Methode korrekt ausgeführt wird.

Konkretes Unterrichtsbeispiel:

Industrialisierung und Soziale Frage

Die Schüler beschäftigen sich in einer vorgelagerten Gruppenarbeit mit den Ursachen und Problemen der Sozialen Frage im Gegensatz zum wirtschaftlichen Profitstreben zur Zeit der Industrialisierung. Jede Gruppe vertritt eine andere Gesellschaftsschicht (Unternehmer, Arbeiter, Frauen, Kirche, Staat etc.). Anschließend entsendet jede Gruppe einen Vertreter in den Innenkreis, der die jeweiligen Interessen in der Diskussion vertritt. Die Schüler aus dem Außenkreis können sich durch den freien Stuhl an der Diskussion beteiligen und ihre Beiträge einbringen. Ziel ist es, Interessenkonflikte herauszustellen und dadurch die Ursachen der Arbeiterbewegung und des kommunistischen Klassenkampfes zu verdeutlichen.

aktives Sprechen und Zuhören trainieren
mündlicher Ergebnisaustausch mit hoher Beteiligung

schriftlich zusammengefasste Arbeitsergebnisse

Durchführung:

Die Klasse wird in zwei gleich große Gruppen geteilt. Die beiden Gruppen bilden einen Innen- und einen Außenkreis (Gruppe 1 = Innenkreis, Gruppe 2 = Außenkreis), sodass sich immer zwei Schüler gegenüberstehen und ein Austausch zwischen den Schülern stattfinden kann. Die Schüler des Innenkreises beginnen und erläutern ihrem Partner jeweils ihre Lösung eines Arbeitsauftrags. Nach einer fest vorgegebenen Zeit ist der Schüler des Außenkreises an der Reihe. Er wiederholt, was sein Partner zuvor gesagt hat, korrigiert ihn und ergänzt fehlende Inhalte. Auf ein Signal des Lehrers hin werden die Partner gewechselt. Hierzu gehen die Schüler des Außenkreises eine vorgegebene Anzahl an Plätzen im Uhrzeigersinn weiter. Ein erneuter kommunikativer Austausch beginnt, der nun eine vertiefende, ergänzende Auseinandersetzung mit dem Thema ermöglicht. Je nach thematischer Bandbreite und Konzentrationsfähigkeit der Schüler können drei bis fünf Partnerwechsel durchgeführt werden.

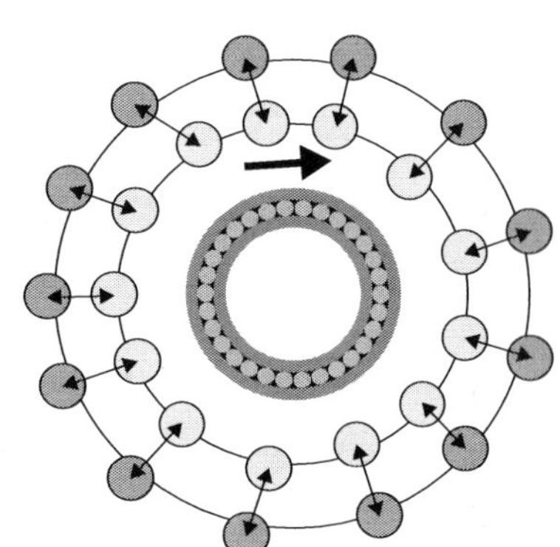

Konkretes Unterrichtsbeispiel:

Nutzung eines erlegten Mammuts durch die Menschen der Altsteinzeit

Die Schüler haben sich im Unterricht ausführlich mit dem Mammut beschäftigt. Neben Fleisch und Fell nutzten die Menschen auch das Fett sowie Knochen, Sehnen, sämtliche Innereien und das Elfenbein zur Herstellung von Werkzeugen, Waffen und Schmuck. Im ersten Schritt erläutert ein Schüler seinem Partner die Ergebnisse, der Partner ergänzt und korrigiert anschließend. Danach gehen die Schüler des Außenkreises im Uhrzeigersinn drei Plätze weiter und ein erneuter Austausch beginnt. Nach einem weiteren Wechsel sollte das Thema ausreichend besprochen und ein einheitlicher Lernstand erreicht worden sein.

4.3 Museumsgang

45 Min.

kommunikative Fähigkeiten schulen
vertiefende Auseinandersetzung, Verständnis überprüfen

Plakate als Ergebnis einer Gruppenarbeit

Durchführung:

Die Schüler stellen in Gruppenarbeit Plakate zur Visualisierung eines Themas bzw. zur Ergebnissicherung her. Jede Gruppe sollte mindestens so viele Mitglieder haben, wie es insgesamt an Gruppen (= Expertengruppen) gibt (z. B. mindestens fünf Mitglieder bei fünf Gruppen). Nach der Gruppenarbeitsphase werden die Plakate wie Exponate in einem Museum mit ausreichend Abstand zueinander im Klassenraum aufgehängt.
Nun werden neue Gruppen gebildet. In jeder neu gebildeten Gruppe befindet sich jeweils mindestens ein Mitglied aus jeder Expertengruppe. Diese Gruppen bestreiten nun den Museumsgang. Jede Gruppe besichtigt nacheinander alle Plakate im Raum. Für jedes Plakat steht eine festgelegte Zeit zur Verfügung, die der jeweilige Experte nutzt, um der Gruppe die Ergebnisse aus der Gruppenarbeitsphase vorzustellen und zu erläutern. Verfügt eine Gruppe über zwei Experten zu einem Thema, so wechseln sich diese während ihres Vortrags ab und ergänzen sich gegenseitig. Die Gruppenmitglieder können Fragen stellen und notieren sich stichwortartig wichtige Inhalte. Je nach Alter der Schüler erleichtern vorgefertigte Notizbögen das Mitschreiben. Nach Abschluss des Museumsgangs hat jeder Schüler sowohl die Rolle des Vortragenden als auch die des Zuhörenden übernommen und verfügt im Idealfall über Kenntnisse zu allen Themen (Plakaten).

Unterrichtsbeispiele:

- Erfindungen zur Zeit der Industrialisierung:
  Dampfmaschine, Eisenbahn, Elektrizität, Telegraf / Telefon, Automobil etc.
- Herrschaftsformen:
  Monarchie, Aristokratie, Demokratie, Diktatur etc.
- politische Parteien der Weimarer Republik:
  Ursprung, Ideologie / Ziele, Wählerschaft, bedeutende Politiker etc.
- Stationen der Judenverfolgung:
  Nürnberger Gesetze, Judenpogrome, Wannsee-Konferenz, Massenmorde in Vernichtungslagern etc.

4.4 Geschichtstribunal (Pro- und Kontra-Debatte)

45 Min.

Meinungsfindung und Urteilsbildung
zielorientiert kommunizieren und argumentieren

Problemstellung, die eine Pro- oder Kontra-Einstellung ermöglicht; Materialien, die verschiedene Sichtweisen darstellen; Karteikarten; evtl. grüne und rote Karten

Durchführung:

Ein Geschichtstribunal ermöglicht den Schülern, eigene Meinungen und Haltungen zu vertreten und zu begründen. Es werden gegensätzliche Standpunkte gegenübergestellt und diskutiert, um letztlich im Rahmen einer Abstimmung eine Entscheidung bzw. Lösung herbeizuführen. Ziel jedes Beteiligten oder jeder Gruppe ist es, eine Mehrheit für die eigene Position zu gewinnen.
In der Vorbereitungsphase setzen sich die Schüler mit Materialien auseinander, die verschiedene Sichtweisen eines historischen Problems oder Ereignisses darstellen. Anschließend werden die Schüler in mehrere Pro- und Kontra-Gruppen eingeteilt. Sie sammeln in der Gruppe Argumente und Strategien zur Vertretung ihrer Interessen, die schriftlich, z. B. auf Karteikarten, festgehalten werden. Jede Gruppe wählt einen Sprecher, der ihre Position in der Debatte vertritt. Ebenso wird ein Moderator bestimmt, der die Debatte leitet und das Wort erteilt. Nur wer aufgefordert wird, darf seine Meinung äußern.

1. **Eröffnung durch den Moderator**
   Vorstellung des Problems
   Hinweise zum Ablauf
   Klärung der Gesprächsregeln
2. **Plädoyers der Gruppensprecher**
   kurzer Vortrag der Positionen
   (Dauer: ca. 2 Minuten pro Sprecher)
3. **strukturierte Diskussion**
   Widerlegen der gegnerischen Argumente
   Fragen aus dem Plenum aufgreifen
   (Meldungen per Handzeichen)
4. **Abstimmung zur Ausgangsfrage**
   per Handzeichen oder Karten (rot / grün)
5. **Auswertung der Ergebnisse**
   methodisch: Ablauf der Diskussion
   fachlich: Beurteilung des Ergebnisses

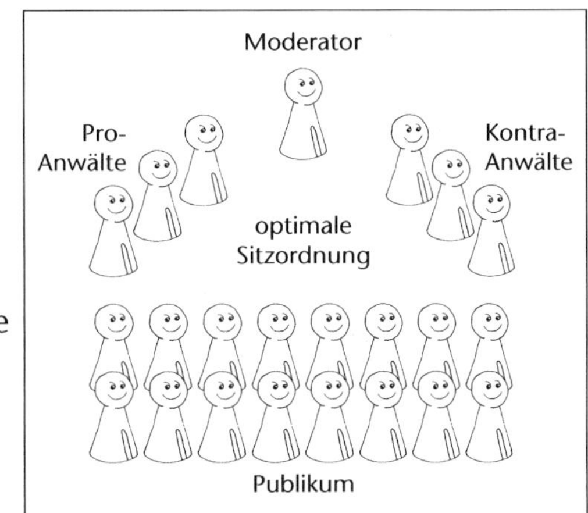

Unterrichtsbeispiele:

- Sind die Bestimmungen des Versailler Vertrags gerechtfertigt?
- Sollten die Anhänger der Nationalsozialisten bestraft werden?
- Hat Deutschland das Recht Kolonien zu erwerben?

15 Min.

freies Sprechen trainieren
Festigung des Gelernten durch verbale Wiedergabe

Materialien zur Vorbereitung der Vorträge, Karteikarten, evtl. Bewertungsbogen

Durchführung:

Schülervorträge lassen die Lehrperson in den Hintergrund treten und geben den Schülern Raum zum eigenverantwortlichen Lernen. Die Fähigkeit, vor einer Gruppe von Menschen zu sprechen, Informationen zu vermitteln und sich selbstbewusst und offen zu präsentieren, ist eine wichtige Kompetenz für das spätere (Berufs-)Leben und sollte im Unterricht regelmäßig trainiert werden. Neben der fachlichen Bewertung (fachlich-sachliche Richtigkeit, Vollständigkeit, logischer Aufbau) wird vor allem auch der Vortragsstil kritisch analysiert.
Zur Vorbereitung des Schülervortrags sollten den Schülern genaue inhaltliche Vorgaben zur Strukturierung des Themas sowie ausreichend Zeit gegeben werden. Die Schüler erstellen Karteikarten, die lediglich Schlagworte oder kurze Sätze enthalten, sodass der Vortrag mit eigenen Worten gestaltet werden muss. Es können natürlich auch neue Medien zur Präsentation herangezogen werden (z. B. in Form einer PowerPoint-Präsentation). Hier sollte darauf geachtet werden, dass die Präsentation nicht zu textlastig wird und der Vortragende dadurch geneigt ist, nur abzulesen, statt frei zu sprechen.

Vor der Präsentation
Aufmerksamkeit des Publikums und Blickkontakt herstellen
Verhaltensregeln klären
Zeitvorgabe beachten

Nach der Präsentation
inhaltliche Fragen stellen
Vortrag kommentieren: *Erst positiv, dann negativ!*
- Blickkontakt, Ansprache der Zuhörer
- Sprache (Tempo, Lautstärke, Satzbau)
- Körperhaltung, Mimik, Gestik

Verbesserungsvorschläge machen (konstruktiv)

Unterrichtsbeispiele:

Für einen Schülervortrag bieten sich in sich abgeschlossene Themen an:
- Olympische Spiele im antiken Griechenland
- Reisekönigtum Karls des Großen

Fachbegriffe wiederholen und festigen
bildliches Lernen

Bilderrätsel oder Fachbegriffe, die wiederholt werden sollen

Durchführung:

Am Ende einer Unterrichtsreihe bietet es sich an, zentrale Begriffe noch einmal zu wiederholen, um deren Bedeutung im Gedächtnis der Schüler fest zu verankern. Das Bilderrätsel bietet eine Möglichkeit, das übliche Unterrichtsgespräch aufzulockern, indem einzelne Begriffe in ihre Wortbestandteile zerlegt und in einzelnen Bildern dargestellt werden. Die Schüler erraten bzw. erschließen durch Kombination den gesuchten Begriff, erklären, was er bedeutet, und ordnen ihn thematisch in die Unterrichtsreihe ein. Die Methode kann auch am Ende eines längeren Lernzeitraums (z. B. eines Schuljahres) eingesetzt werden, um zentrale Begriffe zu wiederholen und sie dann historischen Epochen zuzuordnen. Theoretisch kann der bildlich dargestellte „Wortschatz" ständig um neue Begriffe erweitert und hin und wieder in unsortierter Reihenfolge abgefragt werden. Dadurch bleiben den Schülern auch die Themen präsent, deren Behandlung im Unterricht schon länger zurückliegt, mit dem Ziel, einen historischen Gesamtüberblick zu schaffen. Alternativ zur arbeitsintensiven Vorbereitung der Bilderrätsel können den Schülern auch geeignete Begriffe vorgegeben werden, die sie dann jeweils in Partnerarbeit in einem Bilderrätsel darstellen sollen. Jedes Team bekommt andere Begriffe. Anschließend können die Begriffe im Plenum erraten werden.

Konkretes Unterrichtsbeispiel:

Bilderrätsel zum Abschluss der Unterrichtseinheit „Leben im Mittelalter"

Mundschenk

Kreuzzug

Karl der Große

Pechnase

Torhüter

Stadtrecht

Dreifelderwirtschaft

Bergfried

Zehnt

Zugtier

20 Min.

Fachbegriffe wiederholen und festigen

Kreuzworträtsel oder Buchstabenfeld & Fragestellungen

Durchführung:

Die Schüler erhalten ein vorbereitetes Kreuzworträtsel. Durch Beantwortung kurzer Fragen oder Beschreibungen erhalten sie die gesuchten Begriffe, die sie in die waagerecht und senkrecht angeordneten Kästchen eintragen. Einzelne Kästchen können hervorgehoben werden, die dann ein Lösungswort ergeben.
Beim Schwedenrätsel erhalten die Schüler einen Kasten mit Buchstaben und markieren darin die gesuchten Begriffe (waagerecht, senkrecht und diagonal).

Konkretes Unterrichtsbeispiel:

Kreuzworträtsel zu „Herrschaft und Macht im Römischen Reich"

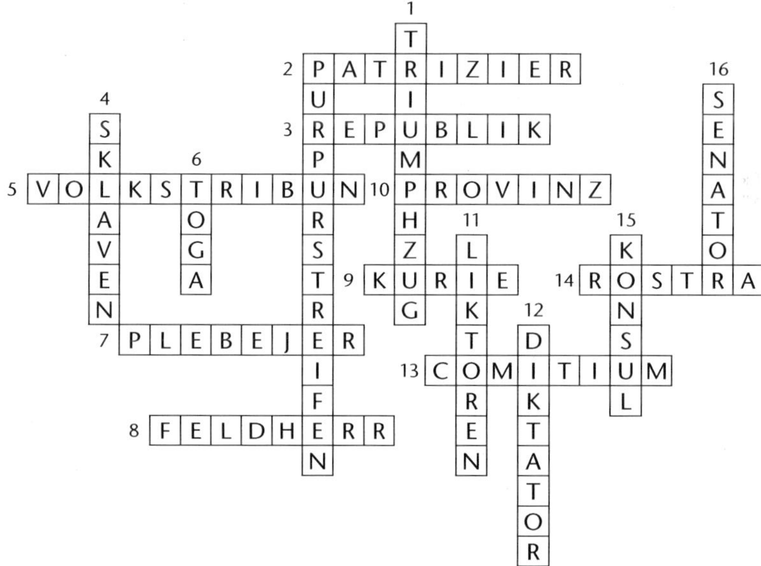

1. Umzug für einen siegreichen Feldherren
2. adelige Bürger
3. Staatsform, die Angelegenheit des Volkes ist
4. Römer, die kein Wahlrecht besitzen
5. Amt, das nur Plebejer wählen können
6. Kleidungsstück für Männer
7. arme Bürger, Mehrzahl des Volkes
8. Anführer des Heeres im Krieg
9. Sitz des Senats
10. Teil des Römischen Reiches, wird von einem Statthalter verwaltet
11. schreiten den Konsuln in der Öffentlichkeit voran
12. Alleinherrscher, wird vom Senat ernannt
13. lateinisches Wort für die Volksversammlung
14. Rednertribüne auf dem Forum
15. höchster Beamter im Staat
16. sein Amt gilt auf Lebenszeit

Wissen überprüfen und festigen

fehlerhafter Text

Durchführung:

Die Schüler erhalten einen Fehlertext, der in Einzelarbeit korrigiert werden soll. Dazu markieren sie falsche Begriffe im Text mit einem farbigen Stift und notieren die Korrekturen in der freien Spalte des Arbeitsblattes. Bei jüngeren Schülern kann die Anzahl der zu suchenden Fehler als Anhaltspunkt vorgegeben werden. Anschließend erfolgt die Auswertung, z. B. durch die Methode Think-Pair-Share.

Konkretes Unterrichtsbeispiel:

Die Ursachen des Dreißigjährigen Krieges	
Martin Luthers Kritik an der Kirche hatte im Deutschen Reich für große Streitigkeiten gesorgt. Im Nürnberger Religionsfrieden von 1505 wurde schließlich die Gleichberechtigung von Protestanten und Katholiken festgelegt. Fortan durfte jeder seine Religion bzw. seinen Glauben frei wählen. Trotzdem gab es zwischen Protestanten und Katholiken immer wieder Streitigkeiten, denn viele Könige im Deutschen Reich wollten den neuen protestantischen Glauben nicht anerkennen. Diese Spannungen führten zu einem großen Krieg, in den sich auch Dänemark, Schweden, Frankreich und die Niederlande einmischten. Zur Verteidigung ihrer Interessen schlossen sich 1608 die protestantischen Fürsten in einem Bündnis, der „Union“, zusammen. Fünf Jahre später bildeten die katholischen Fürsten ein Gegenbündnis, die „Liga“. Beide Bündnisse stellten Heere auf und suchten nach Verbündeten. Das katholische Frankreich unterstützte aus Angst vor dem deutschen Kaiser die Liga. Spanien, mit Frankreich verfeindet, unterstützte die Union. 1617 ereignete sich schließlich in Prag ein Vorfall, der zum Kriegsausbruch zwischen Protestanten und Katholiken führte: Protestanten errichteten eine Schule auf einem Grundstück, das Katholiken gehörte. Es kam zu einem Prozess, den die Protestanten gewannen. Die Schule musste 1618 wieder abgerissen werden. Protestantische Adelige drangen voller Empörung in die königliche Burg ein und warfen voller Zorn zwei hohe Beamte und ihren Sekretär vom Dach herunter. Dieser Vorfall heizte die ohnehin schon äußerst angespannte Stimmung im Reich noch weiter an. Es begann ein Krieg, der fünfunddreißig Jahre lang dauern sollte. Erst 1650 wurde schließlich Frieden geschlossen.	Augsburger 1555 Fürsten Spanien Ein Jahr Union Liga Kirche verloren Kirche aus dem Fenster heraus dreißig 1648

5.4 Fünf-Satz-Methode

argumentative Problemlösung zur Zusammenfassung eines Themas
inhaltliche Reduktion trainieren

vorbereitete Zielsätze, evtl. vorbereitetes Argumentationsmuster

Durchführung:

Die Methode stammt ursprünglich aus dem Bereich der Rhetorik und bietet Hilfestellung zur systematischen Argumentation und Zusammenfassung. Der Einstiegssatz verdeutlicht die Ausgangssituation bzw. das vorherrschende Problem. Danach folgen drei erklärende Sätze, die Ursachen und Maßnahmen zur Lösung darlegen und alle zum fünften Satz (= Zielsatz) hinführen. Dieser Zielsatz (oder Zwecksatz) ist der wichtigste Satz und bildet gleichzeitig den Ausgangspunkt der Überlegungen. Er beinhaltet die Lösung der ursprünglichen Situation und wird als Appell formuliert.
Die Schüler erhalten zunächst einen vorbereiteten Zielsatz. In Partner- oder Gruppenarbeit sollen sie nun drei hinführende Sätze sowie einen Einstiegssatz entwickeln. Anschließend werden die Sätze im Plenum vorgestellt und unterschiedliche Vorgehensweisen in der Argumentation gegenübergestellt. Schüler höherer Jahrgangsstufen, die mit der Methode bereits vertraut sind, können auch selbstständig problemorientierte Zielsätze innerhalb eines vorgegebenen Themengebiets erarbeiten.

Konkretes Unterrichtsbeispiel:

Fünf-Satz-Methode zur „Sozialen Frage"

1. Durch die Industrialisierung entstehen neue Arbeitsplätze in den Fabriken.

↓

2. Die Menschen hoffen auf Arbeit und ziehen in die Städte.
3. Die Unternehmer sind auf hohen Profit aus und beuten die Arbeiter aus.
4. Die Lebens- und Arbeitsbedingungen der Proletarier sind katastrophal.

↓

5. **Zielsatz:** Aus diesem Grund muss ein Sozialsystem zur Absicherung der Arbeiter in den Fabriken eingeführt werden.

5.5 Karikatur-Parcours

verschiedene Interpretationen eines Themas erkennen
Umgang mit Karikaturen einüben und vertiefen

4–6 Karikaturen zu einem Thema (Posterformat), vorgegebene Fragestellungen zur Auswertung

Durchführung:

An verschiedenen Stellen des Klassenzimmers werden zu einem Thema unterschiedliche Karikaturen (jede Karikatur zweimal) aufgehängt. Die Schüler bilden Kleingruppen, die dann die einzelnen Stationen nacheinander im Uhrzeigersinn aufsuchen. Die Schüler tauschen sich innerhalb ihrer Gruppe über die einzelnen Karikaturen anhand vorgegebener Fragestellungen (siehe Methode „Karikatur deuten") aus. Der Lehrer gibt jeweils das Signal, wann die Stationen gewechselt werden. Haben alle Gruppen alle Karikaturen betrachtet, weist der Lehrer jeder Gruppe eine bestimmte Karikatur zu. Die Gruppen werten die ihnen zugewiesene Karikatur nun schriftlich aus und halten ihre Ergebnisse stichwortartig auf einem Plakat fest. Nach Abschluss der Auswertungsphase werden die Plakate der Gruppen jeweils neben der entsprechenden Karikatur angebracht. Die abschließende Ergebnispräsentation kann auf unterschiedliche Art erfolgen. Sind die Schüler mit der Interpretation von Karikaturen noch wenig vertraut, tragen die Gruppen ihre Ergebnisse nacheinander im Plenum vor, damit der Lehrer korrigierend eingreifen kann. Unterschiedliche Deutungen oder offene Fragen können auf diese Weise geklärt werden. Eine weitere Möglichkeit des Austauschs bietet der Museumsgang.

Unterrichtsbeispiele:

- Imperialismus und Kolonialismus (Rechtfertigungen der Mächte Europas)
- Industrialisierung und Soziale Frage
- Absolutismus und Französische Revolution
- Nationalsozialismus (Sichtweisen des Auslands)

15 Min.

spielerisches Wiederholen und Sichern

vorbereitete Memory®-Karten

Durchführung:

Das bekannte Gesellschaftsspiel trainiert das Gedächtnis der Schüler und fördert das visuelle und kommunikative Lernen. Die Schüler bilden Gruppen von drei bis vier Schülern. Jede Gruppe erhält einen Satz Memory®-Karten, die gemischt und verdeckt in der Tischmitte ausgelegt werden. Ein Schüler beginnt und dreht zwei Karten um. Handelt es sich um Textkarten, liest er den Mitspielern den Text laut und deutlich vor. Passen die Karten zusammen, darf er das Paar behalten und zwei weitere Karten umdrehen. Passen die Karten nicht zusammen, ist der nächste Spieler an der Reihe. Gewonnen hat derjenige Spieler, der die meisten Kartenpaare erspielt hat.

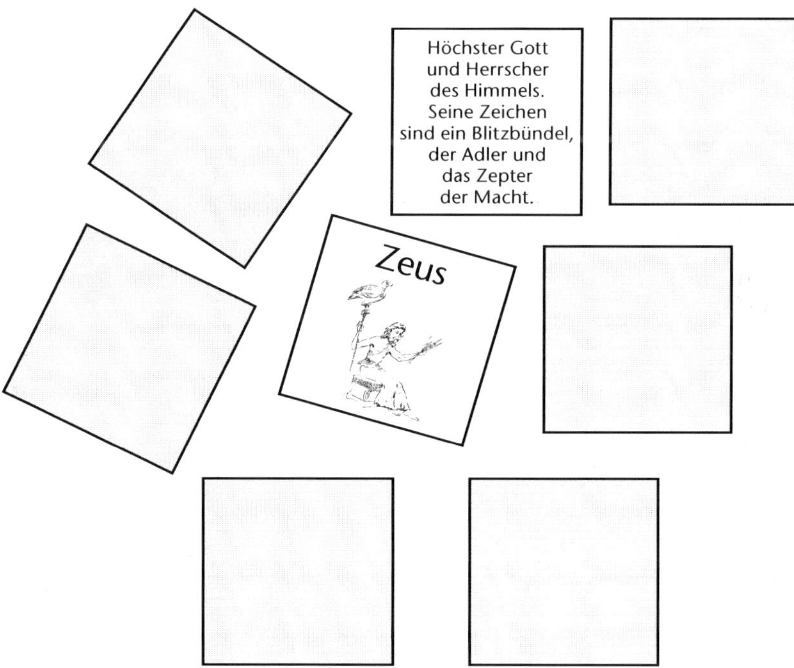

Varianten:

- Bild und Begriff (z. B. Bild des Zeus und Name)
- Bild und Beschreibung (z. B. Bild des Zeus und Zuständigkeit)
- Begriff und Oberbegriff (z. B. Zeus und Gott, Augustus und Kaiser, Denar und Münze, Toga und Kleidung)

Umschreiben von Fachbegriffen
Wissenszuwachs und Verständnis überprüfen

vorbereitete Begriffs-Pyramiden auf Folie

Durchführung:

Die Klasse wird in zwei Teams geteilt, jedes Team wählt zwei Schüler aus, die das Spiel bestreiten werden. Das Schülerpaar von Team 1 muss zunächst das Klassenzimmer verlassen. Das Schülerpaar von Team 2 sitzt im Klassenzimmer Rücken an Rücken, Schüler 1 blickt dabei auf die Projektion der Overheadprojektor-Folie, Schüler 2 sitzt mit seinem Gesicht zur Klasse. Die Folie wird aufgedeckt, Schüler 1 muss nun seinem Partner die einzelnen Begriffe nacheinander, von unten nach oben, erklären. Hierfür hat er eine Minute Zeit. Er darf weder den Begriff selbst, noch Teile davon nennen. Pro nicht erratenem Begriff gibt es 10 Strafpunkte. Gleiches gilt, wenn der Begriff selbst oder Teile davon genannt werden. Anschließend wird das Schülerpaar von Team 2 hereingerufen. Das Paar spielt auf die gleiche Weise, mit derselben Pyramide. Gewonnen hat das Team, das weniger Strafpunkte erspielt hat.
Um das Spiel etwas schwieriger zu gestalten, können die Begriffe in der Pyramide so angeordnet werden, dass die unteren Begriffe einfacher und der oberste Begriff besonders schwer zu beschreiben und zu erraten ist. Ihrem Schwierigkeitsgrad entsprechend gibt es für die untersten Begriffe 10, für die mittleren 20 und für den obersten Begriff 30 Strafpunkte.

Konkrete Unterrichtsbeispiele:

Pyramiden zu den Themen „Nationalsozialismus" und „Ägypten"

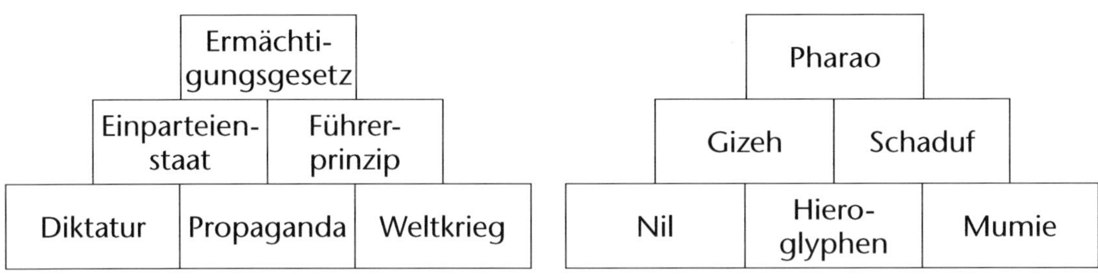

steigender Schwierigkeitsgrad *gleicher Schwierigkeitsgrad*

20 Min.

Zusammenhänge verdeutlichen und Verständnis überprüfen
chronologische Entwicklungen festigen

Begriffskarten oder Begriffe auf Klebezetteln, evtl. Plakat

Durchführung:

Diese Methode eignet sich zur abschließenden Vertiefung einer Unterrichtseinheit. Die Schüler erhalten Karten, die zentrale Begriffe der Unterrichtseinheit enthalten und legen diese in eine sinnvolle Struktur. Werden die Karten auf einem Plakat angeordnet und aufgeklebt, können Pfeile oder Symbole zur weiteren Strukturierung eingefügt werden. Klebezettel haben den Vorteil, dass sie wieder ablösbar sind und die Struktur noch verändert werden kann, z. B. während der anschließenden Besprechung. Je nach Klassenstufe und Leistungsniveau dient ein leeres Raster oder ein Anfangsbegriff als Hilfestellung. Werden zusätzlich leere Karten (Klebezettel) zur Verfügung gestellt, können die Schüler diese mit eigenen Begriffen beschriften und ins Schema einarbeiten. Abschließend tauschen die Schüler ihre Ergebnisse aus. So können inhaltliche Fehler korrigiert und mögliche Unterschiede thematisiert werden.

Konkretes Unterrichtsbeispiel:

Die Russische Revolution von 1917

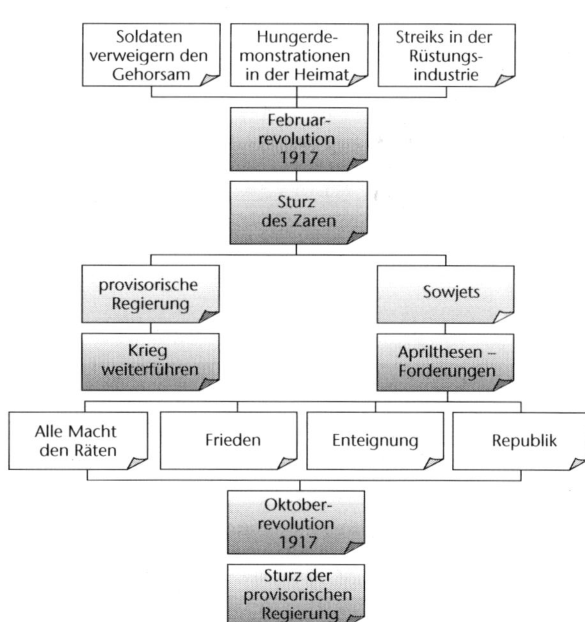

Weitere Unterrichtsbeispiele:

- Ursachen und Ablauf des Bauernkrieges von 1524
- Ursachen und Auswirkungen der Weltwirtschaftskrise von 1929
- Stationen der Machtergreifung Adolf Hitlers

eigene Meinung bilden

Thesenkarten (Posterformat)

Durchführung:

Eine These ist eine Behauptung, die den Adressaten auffordert, hierzu Stellung zu nehmen. Am Ende einer Unterrichtseinheit werden im Klassenzimmer vier bis sechs Thesen zu dem Thema der Unterrichtseinheit ausgehängt. Die Schüler lernen anhand verschiedener Thesen unterschiedliche Meinungen zu dem Thema kennen und bilden auf Basis des im Unterricht Gelernten ein eigenes Urteil.

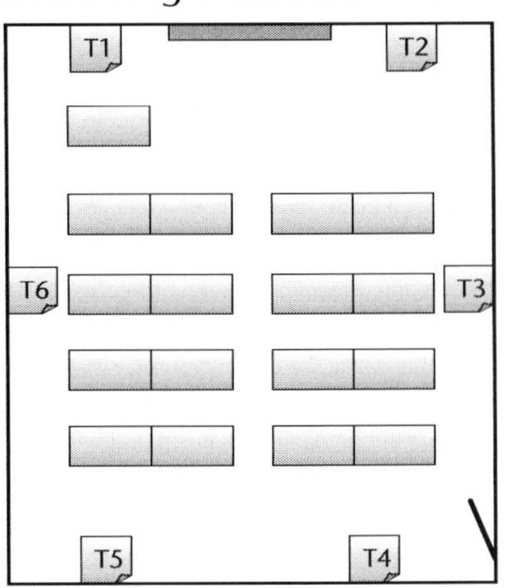

Zunächst laufen die Schüler frei im Klassenzimmer herum und lesen die einzelnen Thesen. Schließlich müssen sie sich für eine These entscheiden, die ihre eigene Meinung am treffendsten wiedergibt. Jeder Schüler positioniert sich neben „seiner" These. Anschließend wird zunächst im Plenum die Verteilung (Bevorzugung bestimmter Thesen etc.) thematisiert und diskutiert, welche Gründe es dafür geben könnte. Abschließend erklären einzelne Schüler, warum sie sich für „ihre" These entschieden haben. Jede Meinung sollte gewürdigt werden, wenngleich im weiteren Verlauf auch Diskussionen entstehen dürfen.

Konkretes Unterrichtsbeispiel:

„Deutschland auf dem Weg zur Einheit"

These 1: *„Von wegen Gleichberechtigung. Wirtschaftlich gesehen spielt Ostdeutschland immer noch die zweite Geige."*

These 2: *„Angleichung braucht Zeit. Die sozialistischen Strukturen und Gewohnheiten im Osten verschwinden nicht von heute auf morgen."*

These 3: *„Die Wessis meinen oft, sie wären etwas Besseres. So wird das nichts mit einer langfristigen Vereinigung."*

These 4: *„Unter den Deutschen sind mir viele fremd, die Bayern genauso wie die Sachsen. Das hat nichts mit der ehemaligen Teilung zu tun."*

These 5: *„Ohne Konkurrenz keine freie Marktwirtschaft. Der Osten muss sich dieser Realität endlich stellen."*

optische Rückmeldung zur Unterrichtsstunde / -einheit

drei Karten (rot, gelb, grün) für jeden Schüler, Tafel oder Folie

Durchführung:

Jeder Schüler erhält eine rote, gelbe und grüne Karte. Mithilfe dieser Karten kann ein Feedback der Schüler eingeholt werden.

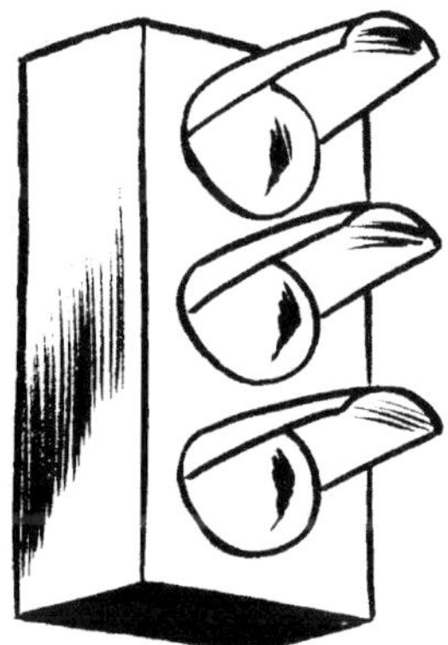

rote Karte = Das hat mir überhaupt nicht gefallen. (negative Bewertung)
gelbe Karte = Einiges war gut, anderes hat mir nicht gefallen. Ich bin unentschlossen. (neutrale Bewertung)
grüne Karte = Das hat mir gut gefallen. (positive Bewertung)

Der Lehrer bittet die Schüler, ihre persönliche Meinung zu einer Methode, einem Verhalten usw. mitzuteilen, indem sie die jeweilige Karte nach oben halten. Die einzelnen Meldungen werden gezählt und an der Tafel oder auf einer vorbereiteten Folie festgehalten. Während der Kartenabfrage darf nicht gesprochen werden. Auf diese Weise können nacheinander verschiedene Aspekte des Unterrichts abgefragt werden. Anschließend werden die Ergebnisse im Plenum besprochen und mögliche Auffälligkeiten thematisiert.

Unterrichtsbeispiele:

Zur Evaluation …
- des Schwierigkeitsgrads eines Tests / einer Klassenarbeit
- neuer Methoden / Medien / Sozialformen
- eines Unterrichtsgangs
- des Schüler- / Lehrerverhaltens

10 Min.

mündliche Rückmeldung zur Unterrichtsstunde/-einheit (Thematik, Methodik etc.)

evtl. Gegenstand

Durchführung:

Der Lehrer stellt eine möglichst offene Frage an die Klasse und fordert den ersten Schüler auf, spontan seine persönliche Meinung mit einem Schlagwort oder einem kurzen Satz zu äußern. Der Satz sollte in der Ich-Form formuliert sein. Anschließend fährt der nächste Schüler fort und die Blitzlichtrunde läuft von Schüler zu Schüler, bis jeder seine Meinung geäußert hat. Wichtig ist, dass während des Blitzlichts die Äußerungen nicht diskutiert oder kommentiert werden. Auch Fragen sind nicht gestattet. Das Blitzlicht kann der Sitzordnung folgend oder aber in beliebiger Reihenfolge durchgeführt werden. Ist die Reihenfolge nicht festgelegt, kann ein Gegenstand (z. B. Ball, Wollknäuel) herumgereicht bzw. zugepasst werden, um so zu bestimmen, welcher Schüler an der Reihe ist. Gleichzeitig wird so gewährleistet, dass nur derjenige spricht, der im Besitz des Gegenstands ist. Bei jüngeren Schülern erleichtert ein Stuhlkreis den Ablauf der Methode und das aufmerksame Zuhören der Schüler.

Unterrichtsbeispiele:

- In der heutigen Stunde habe ich gelernt …
- An der Gruppenarbeit hat mir besonders gefallen …
- Am Thema „xy" fand ich besonders interessant …
- Innerhalb der Klasse könnte verbessert werden …

optische Rückmeldung zur Unterrichtsstunde / -einheit

evtl. langes Seil oder Schnur

Durchführung:

Es werden zwei unterschiedliche Punkte im Raum bestimmt, die für gegensätzliche Meinungen stehen, z. B. zwei gegenüberliegende Ecken oder Fenster und Tür des Klassenzimmers. Der eine Punkt steht für eine positive Bewertung (völlige Zustimmung), der andere symbolisiert eine negative Bewertung (völlige Ablehnung). Zusätzlich kann ein dritter Punkt in der Mitte (z. B. ein Stuhl) eingefügt werden, der den neutralen Bereich darstellt. Der Lehrer nennt nun nacheinander einzelne Aspekte des Unterrichts und die Schüler zeigen ihre Meinung, indem sie sich zwischen den beiden Eckpunkten entsprechend anordnen. Das Ergebnis wird anschließend im Plenum besprochen. Die Anordnung kann auch auf einem Foto festgehalten werden.
Diese Feedbackmethode kann auch gut auf dem Schulhof durchgeführt werden. Auch hier werden zwei markante Punkte bestimmt (z. B. zwei Bäume) und die Schüler ordnen sich entsprechend an.

Konkretes Unterrichtsbeispiel:

Judenverfolgung zur Zeit des Nationalsozialismus
Die Schüler sollen einschätzen, inwieweit sie versucht hätten, einem Juden zu helfen (z. B. zur Flucht verhelfen, bei sich aufnehmen).

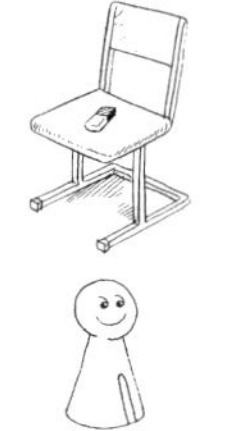

Ich hätte trotz des Verbots geholfen. | Ich bin unentschlossen. | Ich hätte nicht geholfen.

Weitere Unterrichtsbeispiele:

Zur Evaluation didaktischer und methodischer Aspekte:
- Methoden / Medien / Sozialformen
- Schüler- / Lehrerverhalten

Zur Evaluation fachlicher Aspekte:
- Bewertung historischer Ereignisse / Fragestellungen
- Bewertung historischer Personen und ihrer Entscheidungen

15 Min.

anonyme Rückmeldung zur Unterrichtsstunde / -einheit

vorbereitete Zielscheibe (evtl. als Arbeitsblatt)

Durchführung:

Um von den Schülern eine differenzierte Einschätzung zur Unterrichtsqualität, zum Sozialklima und persönlichen Lernerfolg zu erhalten, wird eine Zielscheibe mit entsprechenden Aspekten vorbereitet und an die Schüler verteilt. Nun kann jeder Schüler auf der Zielscheibe seine persönliche Meinung angeben. Wie bei einer Dartscheibe symbolisiert ein Kreuz in der Mitte die beste Bewertung und ein Kreuz im äußersten Kreis die schlechteste. Die Zielscheibe sollte insgesamt etwa fünf bis sechs Kreise haben, damit eine differenzierte Bewertung in Anlehnung an die Schulnoten stattfinden kann (1 = sehr gut / 5 bzw. 6 = sehr schlecht). Anschließend werden die Arbeitsblätter eingesammelt und ausgewertet. Die Ergebnisse werden in einer Zielscheibe zusammengetragen und ein allgemeines Ergebnis präsentiert. Soll mithilfe der Zielscheibe nur ein einziges Kriterium bewertet werden, kann diese Methode auch zeitsparend auf einem Plakat, das an der Klassenzimmertür aufgehängt wird, durchgeführt werden. Die Schüler geben beim Verlassen des Klassenzimmers ihre Rückmeldung, indem sie ein Kreuz setzen. Das Ergebnis kann in der nächsten Stunde besprochen werden. Wird diese Form der schnellen Abfrage mit der Lerngruppe ritualisiert, kann regelmäßig ohne großen Zeitaufwand und aufwendige Vorbereitung ein Feedback der Schüler eingeholt werden.

Konkretes Unterrichtsbeispiel:

Zielscheibe zur Bewertung einer Gruppenarbeit

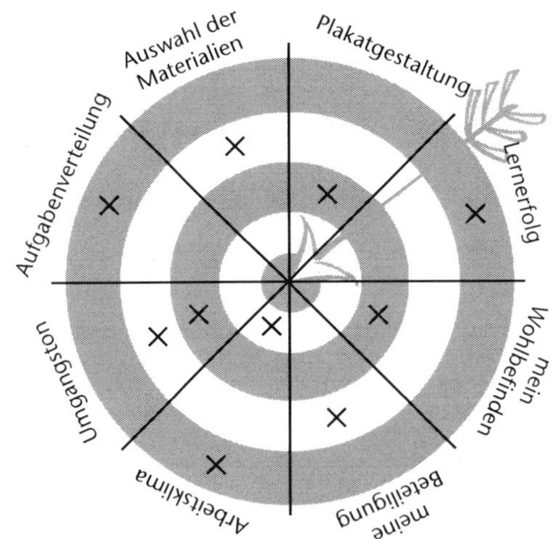

Weitere Unterrichtsbeispiele:

Zur Evaluation …

- des Klassenklimas / einzelner Probleme
- neuer Methoden / Medien / Sozialformen
- eines Unterrichtsgangs
- der Unterrichtsqualität / des Lehrerverhaltens

S. 7 Bildkartei
Schlacht an der Somme
© akg-images

Wilhelm II
© akg-images

Durch Giftgas geblendete britische Soldaten
© akg-images

Lusitania
© akg-images

S. 8 Bildausschnitt
Ballhausschwur
© akg-images / Erich Lessing

S. 11 Karikatur
Der deutsche Michel im Jahre 48
https: // commons.wikimedia.org/wiki/File:Michel_und_seine_Kappe_im_Jahre_48.jpg, caricature: anonymous; scan: James Steakley [Public domain]

S. 22 Sprechblasentext
Napoleon überquert die Alpen
© akg-images / Laurent Lecat

S. 25 Fliegende Blätter
Flugblatt des Dritten Standes zu Beginn der Französischen Revolution 1789
© akg-images

S. 30 Kritische Bildanalyse
Johann Bahr, Unfall in einer Maschinenfabrik
© Deutsches Historisches Museum, Berlin/A. Psille

S. 31 Lauftext
Werkzeuge der Steinzeit
Auszug aus: Christa Holtei, Bei den Steinzeitmenschen. Illustratonen von Günther Jakobs © S. Fischer Verlag GmbH, Frankfurt am Main 2207, erstmals erschienen bei Sauerländer 2007

S. 42 Zeitstrahl erstellen
Montagsdemonstration
Bundesarchiv, Bild 183-1990-0108-033 / Friedrich Gahlbeck / CC-BY-SA 3.0

Erich Honecker
Bundesarchiv, Bild 183-R0518-182 / CC-BY-SA 3.0

Index